和谐校园文化建设读本

中学校长工作漫谈

叶会春/编著

吉林教育出版社

图书在版编目(CIP)数据

中学校长工作漫谈 / 叶会春编著. — 长春：吉林
教育出版社，2012.6（2018.2 重印）
（和谐校园文化建设读本）
ISBN 978－7－5383－8741－4

Ⅰ. ①中… Ⅱ. ①叶… Ⅲ. ①中学－校长－学校管理
Ⅳ. ①G637.1

中国版本图书馆 CIP 数据核字(2012)第 115943 号

中学校长工作漫谈 　　　　　　　　　　　　　叶会春　编著

策划编辑　刘　军　　潘宏竹
责任编辑　刘桂琴　　　　　　　　　　**装帧设计**　王洪义
出版　吉林教育出版社(长春市同志街 1991 号　邮编 130021)
发行　吉林教育出版社
印刷　北京一鑫印务有限责任公司
开本　710 毫米×1000 毫米　1/16　　13 印张　　**字数**　165 千字
版次　2012 年 6 月第 1 版　2018 年 2 月第 2 次印刷
书号　ISBN 978－7－5383－8741－4
定价　39.80 元

编 委 会

主　　编：王世斌

执行主编：王保华

编委会成员：尹英俊　尹曾花　付晓霞

　　　　　　刘　军　刘桂琴　刘　静

　　　　　　张　瑜　庞　博　姜　磊

　　　　　　潘宏竹

　　　　　　（按姓氏笔画排序）

总序

千秋基业，教育为本；源浚流畅，本固枝荣。

什么是校园文化？所谓"文化"是人类所创造的精神财富的总和，如文学、艺术、教育、科学等。而"校园文化"是人类所创造的一切精神财富在校园中的集中体现。"和谐校园文化建设"，贵在和谐，重在建设。

建设和谐的校园文化，就是要改变僵化死板的教学模式，要引导学生走出教室，走进自然，了解社会，感悟人生，逐步读懂人生、自然、社会这三部天书。

深化教育改革，加快教育发展，构建和谐校园文化，"路漫漫其修远兮"，奋斗正未有穷期。和谐校园文化建设的研究课题重大，意义重要，内涵丰富，是教育工作的一个永恒主题。和谐校园文化建设的实施方向正确，重点突出，是教育思想的根本转变和教育运行机制的全面更新。

我们出版的这套《和谐校园文化建设读本》，全书既有理论上的阐释，又有实践中的总结；既有学科领域的有益探索，又有教学管理方面的经验提炼；既有声情并茂的童年感悟，又有惟妙惟肖的机智幽默；既有古代哲人的至理名言，又有现代大师的谆谆教诲；既有自然科学各个领域的有趣知识，又有社会科学各个方面的启迪与感悟。笔触所及，涵盖了家庭教育、学校教育和社会教育的各个侧面以及教育教学工作的各个环节，全书立意深邃，观念新异，内容翔实，切合实际。

我们深信：广大中小学师生经过不平凡的奋斗历程，必将沐浴着时代的春风，吸吮着改革的甘露，认真地总结过去，正确地审视现在，科学地规划未来，以崭新的姿态向和谐校园文化建设的更高目标迈进。

让和谐校园文化之花灿然怒放！

本书编委会

目 录

第一章　规划学校的愿景

愿景对于校长来说还是一个比较新鲜的概念。愿景对于一所学校的发展所起的作用是巨大的，它是学校发展的原动力，一所学校的发展目标从根本上受到学校发展愿景的影响。形成学校明确的发展愿景是制订学校发展计划中重要的内容，而且是首要的一环。

一、什么是学校发展愿景

首先让我们通过两个小故事来了解什么是愿景。

在繁忙的建筑工地上，有三个工人正在忙着砌一面砖墙，他们看起来干得同样认真。此时，一个路人好奇地问："你们在干什么呢？"工人甲头也不抬地说："你没看见我正在砌一堵墙吗？"工人乙愁眉苦脸地对路人说："这是我的工作，我得靠它养活我的家人呢。"工人丙停下了手中的活儿，指着不远处的一栋参天大楼，自豪地对路人说："我在建造一座比它还要雄伟的宫殿。"

十年之后，由于时代发展，工人甲的技术落后而失业了；工人乙依然从一个工地转到另一个工地，担惊受怕、战战兢兢地干着砌墙的工作；而工人丙则成为了一名杰出的建筑工程师。

工人丙成功的关键是订立了一个对自己有意义的目标，这个目标带动他奋斗的热情，奋斗的热情又给他带来了力量，拥有力量的工人丙主宰了自己的命运。

再看一个小故事：一天清晨，美国缅因州的伐木工人巴尼·罗伯格像平日一样，驾着吉普车去森林干活。他要把一棵直径超过两英尺的松树锯倒。就在松树倒下的时候，意外发生了：松树撞上旁边的一棵大树反弹回来，重重砸在巴尼的右腿上，把他的右腿压得死死的，使他动弹不得。没有人能及时救援，砍树、锯树失败了。巴尼知道流血过多的人会死去。左思右想之后，巴尼拿起电锯，截断了右腿，简单包扎一下，开始爬着回去。一路上，巴尼一次次昏迷，又一次次苏醒，心中只有一个念头：活着回去！

巴尼的动人故事在美国《读者文摘》上刊载后传遍了全世界。这个故事让人们深思：是什么力量让巴尼毅然截断自己的右腿？是"活着回去，享受生命"这一心中的愿景使巴尼战胜了恐惧，选择了截肢。

那么，什么是愿景？上述两个小故事让我们明白：愿景是对目的和使命达成后的景象的生动描述。对愿景的理解要抓住下面的几个要素：是对未来的展望；是超前的梦想；属于前瞻性思考；是对未来想象的概念化；是核心价值观的体现。

愿景和远景、目标是有一定区别的。

愿景是对未来的愿望，是对发展前景的美好描述，体现的是希望、愿意看到的景象，从这个意义上说，它与"愿望"是近义词。在某些语言环境下两者是可以相互替代的。愿景与愿望的不同之处就是愿景在某些语言环境中意思侧重点是前景、未来景象。

远景也能体现前景，反映人们内心的向往与憧憬。它与愿景的区别在于它更多的是反映事物发展的客观特征的描述，其中既有正向的方面，也有负向的方面。愿景强调的是未来的"美景"，愿景有着感召人心的力量。其力量在于它是处于可实现而又不可实现的模糊状态，它既是宏伟的，又是激动人心的。这是一个预见未来的美景，这个美景给人动力去做一件事情。

愿景与目标有何不同呢？一般而言，目标是针对未来特定的时间内，可以具体明确评估的努力方向。目标是愿景的一部分，但一个愿景所要包括的内涵应该远远超过目标。愿景包括两部分，一部分是核心理念，另一部分则为未来的蓝图。后者体现目标性内容，前者体现价值体系。

什么是学校发展的愿景呢？是指学校内涵式发展的方向、核心价值体系和终极目标。具体内容包括三个方面：学校发展愿景是全体教师对未来的希冀，是所有教师共同期待的；学校发展愿景是全体教师愿意为之而努力奋斗的，体现在教育教学的整个活动过程中及细节中，融汇在一起，凝聚在一起，浓缩在一起；学校发展愿景是全体教师通过一步一步地不懈努力而能够实现的。

学校发展的愿景和使命、价值观有着密不可分的关系：

学校发展的愿景是学校未来所能达到的一种状态的蓝图。愿景需要回答的问题：①我们要到哪里去？②我们未来是什么样的？③目标是什么？

使命是组织存在的理由，也就是我们要共同完成的任务是什么，组织要干些什么事情。使命是对学校自身生存发展的目的的详细定位，是学校胜利走向未来的精神法宝和指路明灯。这种精神力量有着内在的激情，可以焕发出人内心的一种崇高的责任感。

如果说学校发展的愿景描述的是我们要抵达哪里、成为什么，那么价值观要描述的就是如何抵达，靠什么来实现愿景和使命，它回答的是我们为什么只能这样做而不能那样做，哪些事情可以做，哪些事情坚决不能做。价值观是基于学校的共同愿景、使命等，对所预期的未来状况所持的标准观念。学校生存和发展的理由浓缩成学校独特的文化要素或理念要素，也可将其视为核心竞争力的表述。核心价值观是一个学校最基本和持久的信仰，是学校内所有成员的共识，是为实现使命、愿景而提炼出来，并予以倡导、指导师生员工共同行为的准则。

一所学校的使命、愿景和价值观，体现了新教育体制下学校文化的理想追求和精神境界，它往往是学校经过长期追寻、苦苦思索，经由充分的酝酿讨论，然后由文本固定下来的。描绘愿景，是建设学校文化的关键。一般而言，一个好的学校愿景，必须具有前瞻性，体现出学校未来的发展目标；具有清晰性，如麦当劳的"成为全世界每一个社区的最佳雇主"、盛大的"网上迪斯尼"、长江商学院的"中国CEO的'西点军校'"等等，都是人们耳熟能详的"愿景"；具有激励性，让学校师生员工能够激情澎湃，愿意为之全力以赴。

因此，不同的学校有不同的愿景、使命、价值观，从某种意义上讲，更换了一个学校的使命、愿景、价值观，也就是更换了一所学校。纵然地点还在，建筑还在，名字还在，但是我们所面对的，却已经不再是文化意义上原来的那个学校了。

学校发展的愿景的功能：提供一个应对不同法律要求和政府政策的战略；提供一种途径帮助学校在资源有限的条件下选择优先发展目标，并应对额外的压力；通过一种把各种任务系统组织的方法帮助学校改进其效能；使得学校能够有机地计划自己的目标并使之与资源相匹配；使得那些与学校有关的人觉得自己有义务为学校发展作出贡献；通过明确学校的目标而巩固教职员工与管理团队之间的伙伴关系。

学校发展愿景的形成流程：一般来说，学校愿景的形成要经历以下一些环节：对愿景概念的理解——校长个人关于学校的愿景——教职员工的广泛参与与共同愿景的形成——家长和学生的参与与认同——共同愿景的进一步发展——形成以核心价值为基础的共同愿景——宣传学校的共同愿景并以之指导学校发展目标的制订。

二、国内外学校发展愿景实例

北京市八一中学的发展愿景

以高度的使命感和责任感，加快示范性进程，创建学习型学校，向国家级示范高中校迈进，使八一中学再铸辉煌。

探索21世纪的育人模式，办人民满意的学校。这一基本价值取向首先体现在要立足于社会的发展，用发展的思想去理解今天的教育。其次体现在要对学生的终身负责，为学生的终身发展奠定坚实的基础。

半个多世纪来，八一中学逐渐形成了"思想领先，艰苦奋斗，严格要求，高度负责"的"八一精神"，在确立愿景的今天，"八一精神"又充实了新的内涵，即：在对学生严格要求的基础上，促进学生活泼健康的发展。总之，八一中学努力营造温馨的校园气氛，尊重生命，热爱生命，使教师、学生得以自我实现，自我发展，进而创建和谐社会。

愿景中包括学校发展目标：全区领先，市内一流，全国有一定影响力的中关村科技园区标志校。学校育人目标：以爱国主义教育为主旋律，全面提高素质为中心，养成教育为主线；严格要求，正面疏导，树立坚定的政治方向，养成良好的品德习惯；为国家培养合格的建设者和向高等院校输送优秀学生。学校教学目标：扎实基础，培养能力，发展学生的个性特长。教师培养目标：学历层次高、年龄结构合理、科科有名师。制度管理目标：岗位职责明确、团结协作有序、工作快速高效。校园环境目标：功能分区、布局合理、绿树成荫、文化深厚。要努力创设生动活泼的学校文化氛围，使师生心情愉快，激励学生不断进取，主动、健康地成长，使学生更加积极、轻松、热情地投入学习、生活与工作中。

"让教师体验真正的成功，让学子感受彻底的解放，让学校得到飞速的发展"是其不懈的追求。八一中学的愿景是学校所有成员共同的愿景，它包含大家的核心价值与信念，是学校发展方向的指引。

新加坡的教育愿景

整个新加坡的教育愿景：重思考的学校，好学习的国民；教育使命：塑造新加坡的未来；教育部核心价值观：诚信为根，以人为本，热诚学习，追求卓越；教育目标：培育人才和充分发挥个人的潜能，为所有学生提供至少十年的教育（即我们的义务教育）；理想教育成果：培育学生的道德观念、智力、体力、社交能力、审美能力，即德、智、体、群、美。

1. 新加坡工艺教育局

学校愿景：成为带动工艺教育创新的环球领导者；学校使命：为中学毕业生和成人学员提供学习技能，获取知识及终身学习价值观的机会，以协助他们保持就业能力以及应对环球经济所带来的挑战；学校价值观：处事正直、团队合作、精益求精、爱心关怀。

下面摘录不同学校所展现的特色校园文化，以便大家对特色办学有更具体的了解。

2. 新加坡林景中学

教育愿景：成为新加坡的首选中学和孜孜钻研者的学习场所。

办学使命：灌输给学生正确的道德价值观、培养学生良好的行为和品格、提升学生的创意思考能力、为国家栽培能身负重任的栋梁之才。

学校价值观：温文的仪态、有责任心、正直的品格、以国为先、高尚的情操、关爱他人、协作精神。

学校有明确并且充分沟通而共识的使命、愿景目标和由此形成的核心价值观，就能够为学校的未来发展提供强大的动力支撑，使办学更具有特色，更快更好地达到既定目标。

3. 新加坡海星中学

海星中学校训：勤、勉、忠、勇。

学校愿景：成为博学、强健、儒雅的海星学子，每个海星学子都能成为未来的领袖。

学校使命：在尊重学生的同时，为他们提供结合信仰、文化以及生活的全面发展。

学校价值观：勤学自强、淳朴、热爱劳动、上下一心、精神传承。

4. 新加坡立才中学

特长领域：表演艺术、环保教育。

学校愿景：一个充满关怀、活力与热情，追求卓越，走在时代前列的学习型组织。

学校使命：培养今日之精英、明日之领袖。

学校价值观：热情、创新、果敢、忠诚、坚毅、荣耀。

5. 新加坡中华中学

校训：礼义廉耻。

学校教育目标：正确的道德价值观，社会责任感，合群、重视与他人的合作关系，勇于创新。

学校愿景："博学、领袖"，以全面的教育、优秀的师资、卓著的机构为载体，为新加坡培养优秀的学子。

学校使命：培养学生成为好学力行、追求卓越的学子，自强不息、勇于创新的领袖，文明关爱、放眼世界的公民。

核心价值观：责任、正直、关爱、卓越。

三、如何生成学校发展的共同愿景

共同愿景的生成，是一项复杂而艰巨的任务。美国学者巴思提出了生成共同愿景的基本构想："尊重他人的愿景、坚守自己的愿景、努力创建共同的愿景及与此相一致的制度目标，共同构成了对学校领导权的非凡定义，这也是那些力图从内部改进学校的人士必须要做的重要行动之一。"

共同愿景是学校文化的重要支撑，如果没有共同愿景这一支撑，学校的文化大厦就会轰然倒塌。学校共同愿景的生成，是一个长期的过程，需要师生付出持之以恒的努力。

生成共同愿景，要以"追求卓越，开拓创新，臻于完美"为追求；以"尊重他人愿景，坚守自我愿景，协同创造愿景"为原则。

（一）生成共同愿景，需要学校领导者善于倾听，具有良好的沟通能力和协同能力。领导者首先要让师生了解、分享自己的愿景，使之作为生成共同愿景的"锅底"。要尊重师生的愿景，并与自己的愿景作好比较，找出共性，分析差异。征询专家意见，借鉴名校经验，结合本校特点，梳理概括，反复论证，创建学校的共同愿景，引领师生深度关切、充实丰富。

（二）生成共同愿景，需要处理好共同愿景与个人愿景的关系。个人愿景，根植于个人的价值取向，得到个体的深度关切，具有感召人心的力量。共同愿景由个人愿景汇聚融合而成，并由此凝聚能量。有意建立共同愿景的学校，应该鼓励师生发展自己的愿景。如果没有自己的愿景，那么师生所能做的就仅仅是附和顺从领导或他人的愿景，而不能发自内心地投入，不可能为共同愿景所感召，为学校的发展而尽心尽力。共同愿景应建立在个人愿景的基础之上，包容个体愿景，体现个人愿景，升华个人愿景。

（三）生成共同愿景，需要完善的管理机制和良好的教育环境作支撑。学校领导者要在认同师生愿景的基础上，为师生提供一个在组织中实现自我价值的发展平台和系列促成机制：通过系统培训，让共同愿景进入师生的心灵，以利于师生深度关切，自觉地把个人愿景融入于整体之中；通过有效的激励机制，激发师生的潜能，营造实现共同愿景的良好氛围；通过区域性教育环境的优化，使共同愿景得到家长、社会的认同，形成合力，实现共同愿景。

（四）生成共同愿景，是一个自觉固守和不断完善的过程。共同愿景，得到了组织成员的固守和维护，具有较强的稳定性。"与柏拉图为友，与亚里士多德为友，但更重要的是与真理为友"的共同愿景在哈佛大学370年的办学历史上有着不可撼动的地位；"晓庄可毁，爱不可灭"则是晓庄师生成就自我的坚定誓言。同时，共同愿景具有鲜明的时代印记，与周围环境有着密切联系，随着时代的发展与环境的改变，共同愿景必须得到丰富与完善，一成不变的共同愿景，不可能有强大的生命力，必然有悖于时代，成为学校发展的障碍。

下面以北京理工大学附属中学的发展愿景为例：

校长带领全校干部认真学习、研究学校的历史与现状，达成共识：必须确定学校发展目标，凝聚全校精神，形成学校愿景，奋力拼争，努力发展理工附中。

学校愿景的建立过程，实际就是学校价值观念和道德规范的挖掘、改造、实现共有的过程。因此，在建立学校共同愿景时，主要遵循了以下原则：①学校愿景要符合先进的价值观念和道德规范；②共同愿景要与学校的历史、文化、传统及使命相一致；③学校愿景要结合本校特点，突出学校发展的特色；④学校愿景必须来源于学校成员的个人愿景，而又高于个人愿景，应该是大家的共同心愿。

宣传动员：学校愿景作为学校中人们共同持有的丰富景象和共同

心愿，必须来源于学校成员的需求和愿望。为了使全校员工充分认清形势，了解学校的优势和所面临的严峻形势，振奋学校精神，学校开始进行广泛的宣传教育工作，努力建设学习型组织，充分调动教师学习的积极性，引导教师学会学习、学会思考。学校每周一次的干部例会成了干部集中学习交流的园地，每周一次的教师大会由布置事务性的工作，改为专家讲学、教师学习和交流的课堂。特别是每年寒暑假，学校集中安排时间，组织全校干部和教职员工分别进行封闭学习，全面学习新的教育思想、教育理念，深入研究学校工作实际，寻找解决问题的办法。在2004年暑期干部工作会上，曲校长作了题为"精诚团结，立足发展，打造理工附中的示范品牌"的专题报告。全面分析了学校所处的环境，面临的发展形势，指出学校发展的七个优势以及存在的五个不足。指出学校要"立足高起点，追求新发展，要在示范高中的基础上，打造理工附中的品牌"。同时明确提出要在总结学校5年的发展规划的基础上，提出理工附中今后3年或5年的发展目标和发展规划。2005年寒假，在全校教职工培训会上，曲校长又作了题为"建设队伍、强化管理、狠抓校风、提升成绩、突出落实、打造质量"的专题报告，再次提出学校未来发展的目标和方向。

调查研究：寒假培训结束后，全校开始着手进行学校愿景的建设工作，分别面向全校教职员工、学生、学生家长发放问卷，广泛了解大家对理工附中的意见、建议和对学校未来发展的愿望。通过认真查阅每一份问卷，并进行认真的归纳整理，共概括出教师的意见、建议92条，学生的意见、建议30条，家长的意见、建议24条，可以看出教师、学生、家长的个人愿景，并从中提炼出大家的共同心愿是提高教育教学质量，提升管理水平，努力促进学生的全面发展。

随后，组成六个小组，从教育、教学、管理、教科研、国际部、学校特色等六个方面进行分析、思考，初步提出学校目标、办学理念及部门发展规划，并先后三次进行专题研究讨论，在干部大会上征求意见并进行修改，初步形成部门愿景。

提出愿景：为了使学校建立清晰的共同愿景，真正促进学校的发展，学校又组织专门人员根据学校成员的个人愿景、部门愿景，概括出学校发展的共同愿景，即：

办学理念是创造优质教育，使学生得到生动、活泼、主动的发展。

主要目标是7～10年内把理工附中办成"北京一流，全国示范"的名校。

北京一流：学校管理一流；队伍建设一流；教育质量一流；教学设施一流。

全国示范：素质教育示范；品牌特色示范。

学校3～5年的发展目标是科学化、民主化、法制化、人文化紧密结合的现代化学校管理模式的创新；开放、和谐、凝聚的团队文化，学习型组织的创新；形成学生良好品德素养的德育模式创新；落实常规管理，提升课堂质量，深入教改实验，坚持精品优品特色的教学机制创新，为形成具有理工附中特色的现代化、国际化、品牌化学校奠定基础。

这个愿景充分反映了该校的实际情况和特点，反映了时代精神对人的发展的需求；充分尊重了学生作为一个生命整体的发展需求；增进了学生的主体意识和创新意识，培养学生具有在未来不断变化的社会生活中可持续发展的能力，为每一位学生的身心全面、健康、和谐发展打下坚实基础。同时，学校追求的是，在学生发展的同时促进教师的发展、学校的发展。

论证愿景：学校愿景提出后，再一次面向全校教职员工征求意见，在学校上下开展了广泛深入的讨论，先后分年级、学科组进行讨论论证；召开教师座谈会、民主党派党外人士座谈会、教代会代表座谈会，广泛征求意见。由于大家都参与了愿景的建设过程，因此，大家积极参与到讨论中来，情绪高涨，参与度高，虽然各个愿景相互碰撞、激荡，但是大家都从学校发展的大局出发，坦诚相待，互相宽容，深入分析愿景形成的内部原因，深入探讨愿景是否符合学校特点，是否代表学校先进的价值观和道德规范，在讨论中，大家对学校愿景有了更深刻的认识，这是一个学习的过程、提升的过程，在这个过程中教师们互动成长，对学校的愿景达成了共识。

公布愿景：历时两年的研究探讨，学校愿景体系经过全校成员的共同努力，先后修改十次，最终于2005年11月7日第六届教代会第二次会议上，教代会代表以全票通过。这是学校发展史上的一件大事，学校正式公布了学校发展愿景。校长对学校愿景进行了专题讲解，帮助大家深刻领会学校愿景的精神实质和深刻内涵。随后，学校大力宣传学校发展愿景，努力使愿景深入人心。共同愿景的形成，统一了全体成员的思路和工作方向，在大家的心中塑造了学校发展的鲜明景象，从而使个人愿景、部门愿景统一到学校愿景中来。

实施愿景：共同愿景不是短期目标，一旦形成就具有一定的稳定性和权威性，所有学校成员都要努力为实现愿景而勤奋工作。为了使愿景得以贯彻实施，学校立即制订实现愿景的落实计划，并在寒假对全体干部、全体教师进行两次培训，共计七天，主题是："关注学生发展的课堂教学探究及教育思考"，聘请了4位专家作专题报告，有29位教师作主题发言，介绍了实施愿景过程中的体会和反思，在全校教职员工中引起极大的反响。目前，全校教职员工都以主人翁的姿态，积极主动、不遗余力地投身到工作中去，他们以实际行动努力践行着学校的发展愿景。

对个人来说，愿景就是个人在脑海中所持有的意象或景象。对于一个组织来说，愿景必须是共同的。共同愿景的建立虽然并不容易，但也有规律可循。学校采用了凝练式和影响式两个途径来建立共同愿景。

1. 凝练式

是把大家心灵深处的共同意象挖掘出来，并进行凝练，进一步构建共同愿景。这一路径的特点是"从群众中来，到群众中去"。由于学校教工成员同质性很强又有积极面向未来的心境，因此，在校长的带动下，全校展开了大讨论。在一段时间内大家纷纷议论、自由谈论的基础上，学校规定了集中讨论的半天会议时间，以各教研组为单位进行，以便人人参与，各抒己见。并委派行政领导分别深入各个讨论小组，广泛听取教师意愿，实现自下而上的统一。讨论过程中，教师们充分表现出了主人翁精神，用智慧描绘着一幅幅"愿景图"。经过大家认真的讨论，挖掘出了学校在教育教学和管理工作中还有待加强的薄弱环节，如：教师专业素质有待进一步提高。实施新课程对教师提出了许多新课题、新任务，课程改革要求加快教师专业成长的进程，又需要教师具有可持续发展的能力，这是当前面临的严峻挑战。还有如何深入开展服务工作，把提高服务质量抓实，做到"让学生快乐，让家长满意，让社会认可"。诸多的问题呈现在面前，而解决这些问题，实现最终目标的关键就是学校的共同愿景！于是接下来的大讨论就由针对具体问题进行分类逐步演变成为教育、教学的分组讨论。教师们从教育、教学两个方面提出了不少希望。

与此同时，还广泛吸纳了学校组织中的"两个重要成员"的意愿：众多家长的智慧不容忽视，在家长填写的调查问卷中能感受到他们对学校发展的关注同教师一样热切，他们描绘的心中愿景同教师一样真切，一样美好。同样，学生的心声更是教师追溯的根源，一份份翔实丰富的提案充分体现了学生当家做主的权利和热情。经过家教委员会、学生代表与校方的座谈讨论，最终使学校愿景更加清晰，使大家的意愿达成了共识。

2. 影响式

建立共同愿景的途径主要是从个人愿景建立共同愿景。从个人愿景建立共同愿景，并不意味着一定从组织领导者的个人愿景到组织的共同愿景，也可以借助于前辈，还可以借助于外部。但通常情况下，基于一个组织的领导者的地位和作用，共同愿景的构建常见的情况一般是从决策核心层发起的。

建立共同愿景不能靠命令，不能靠规定，只能靠周而复始的沟通和分享。校长不仅认识到了这一点，还采取了不断的强势宣传加以推动，引导教师们一步步看清大家所共同持有的"我们想要创造什么?"的景象。建立共同愿景不是一蹴而就的工程，它的建立和完善需要细致的工作和漫长的过程。在这个过程中，当学校全体成员逐步产生一种执着的追求和内心一种强烈的信念时，它就成了学校凝聚力、动力和创造力的源泉。

共同愿景唤起了学校的使命感，由此可以看到自身在社会中的定位，看到自身的历史责任，教职工感到他们隶属于一个优秀的团队。当共同愿景契合了教师内心真正的愿望时，将会产生出一种强大的驱动力，激发出一种勇气，一种无形的势、无形的场、无形的力推动大家为了愿景的实现而努力奋斗。

共同愿景能帮助教职工摆脱琐事和庸俗，因为他们心中充满光明;共同愿景能使人在困难时，有绝不放弃的勇气和执着，因为共同愿景使他们心中充满希望;共同愿景能使教师们极具敬业精神、自觉投入、乐于奉献，因为他们看到工作本身对于个人的意义非同以往，它不仅是谋生手段，更是一种社会的责任，教师在工作中充满激情和乐趣，也从中体会到了自己生存的意义;共同愿景能改变学校和教师的关系，所有的人会称学校为"我们的学校"，视彼此为实现共同愿景的伙伴。

在追求共同愿景的漫漫途中，还需要一个"如何实现愿景"的保证系统——学校的价值体系，它是学校一切行动、任务的最高依据和准则，是到达目标的地图，是前进的引航导向系统。学校的目标和价值体系，是一个长期的培养、建造过程，需要在学校战略、政策、制度的运作中，在教职员工的行为方式中不断贯彻和强化。

在未来几年中，学校要实现打造"优质品牌"学校的目标，还面临认识、思想和理念等方面的挑战。首先要在认识和观念上突破，然后才是行动上的创新，以学校发展计划项目为契机，全力建设和谐发展的优质学校。

第二章　凝练学校的核心价值观

当前，我国中小学校的改革和发展正在步入一个新的历史阶段。在这个历史阶段，学校文化建设得到了前所未有的重视，文化管理正在成为激发学校师生员工积极性、主动性和创造性的新型管理模式。在学校文化建设和文化管理模式构建的过程中，越来越多的学校认识到学校价值观建设特别是学校核心价值观建设的重要意义和作用。一些先进的学校已经开始讨论学校核心价值观建设与学校发展之间的关系问题，并着手探索学校核心价值观建设的具体模式。

一、什么是学校的核心价值观

关于什么是价值观，目前国内哲学界比较权威的理解是：价值观是人们在社会生活实践中形成的关于价值的总观点、总看法，是人们的价值信念、信仰、理想、标准和具体价值取向的综合体系。价值观作为人们关于事物是否具有价值、具有什么价值的根本看法，是人们区分好坏、利弊、得失、善恶、美丑、正义与非正义、神圣与世俗等的观念，是人们特有的关于应该做什么、禁止做什么的约束性规范。

学校价值观是从多种具体的价值理念中抽取的带有基础性的或能够为不同价值主体共同选择的价值目标。核心价值观是教师普遍认同的、指导教育、教学行为与管理活动的最高价值标准与原则，它集中反映学校管理者为有效促进学校发展而大力倡导并身体力行的主要思想理念。

核心价值观是经过一段时间积淀而形成的，并影响教师行为的意识产物，它是每位教师教育工作的最高价值取向，也是学校文化的灵魂。学校提倡什么、反对什么、赞赏什么、批判什么、主张什么，体现着不同的办学理念，建构着不同的价值观。没有核心价值观的学校是一盘散沙，人心无法凝聚，合力无法形成，教育活动必然是低效的。核心价值观是一所学校办学精神的核心，它是学校校长的办学思想、办学精神、办学特色、精神境界和价值追求的高度概括与凝练，是整合学校综合实力、形成学校社会影响力的思想基础和精神支柱，是学校也是全校师生员工自强不息、携手共勉的精神价值追求。

概括起来，学校核心价值观是有关学校核心价值或基础价值的一整套看法或观念，它是从多样的学校价值观中抽取的带有基础性的或能够为不同价值主体共同选择的价值目标。

二、制约学校核心价值观形成的客观原因

与其他社会组织核心价值观的形成一样，学校的核心价值观不是自然形成的，而是全体师生员工自主选择的结果，带有主观性的烙印，反映了师生员工共同的价值理想、教育追求和行动原则。不过，尽管学校核心价值观的形成是自主选择的结果，但是其形成过程也受到许多客观因素的直接制约。全面认识这些客观性的制约因素，是形成正确的、反映时代精神并具有鲜明个性特征的学校核心价值观的基础性工作。

制约学校核心价值观形成的首要因素就是学校的组织特点。学校是培养人的公共社会机构，在人的培养过程中具有主导性作用。这是学校组织不同于其他社会组织的基本特点。其他一些社会组织如家庭等虽然也具有某种程度的教育意义，也发挥一定的教育功能，但是它们从根本性质上说并不是专门从事教育工作的社会组织。在现代社会的家庭中，父母尽管具有强烈的教育意识和一定的教育常识，但是他们大都不能独自完成长达十几年甚至二十多年的多方面的教育任务。而且，从教育的价值立场上说，家庭中实施的教育与公共学校中实施的教育存在很大的不同。家长基本上是从子女个人的未来发展的角度来考虑教育问题的，学校则不仅要考虑学生未来的发展，而且要考虑他们之间共同的未来，有更加宽广的社会意识和更加强烈的历史责任。

这就要求学校核心价值观的形成要从教育的立场出发，体现鲜明的教育性；要从社会的立场出发，体现其鲜明的公共性和社会性；要从未来的立场出发，体现出其积极的引导性和超越性。

　　制约学校核心价值观形成的第二个客观因素应该是学校在整个教育系统中的定位。学校有各种各样的类型与层次。有普通学校，有特殊学校和职业学校；有中小学校，有高等学校；有公立学校，有私立学校。在国外，还有信仰不同宗教的学校。同一类型的学校中还有许多不同规模、不同层次、不同生源、不同地域、不同课程安排等等的亚类型学校。不同类型和亚类型的学校，其组织目标和教育使命大不相同，师生员工的劳动特点也不相同，因此约束其师生员工行为的核心价值观念必然也会有所差别。一所同时拥有本地学生和打工子弟学生的小学可能将其核心价值观界定为"有教无类"，而另一所省级示范高中可能将其核心价值观界定为"服务社会，追求卓越"。学校核心价值观的界定最好是建立在对学校类型、层次和发展需求的分析上，不要盲目地模仿别的学校或提一些不切实际的价值理想。

　　制约学校核心价值形成的第三个客观因素就是学校的历史文化传统。学校的历史文化传统是学校师生员工多年努力创造、探索和实践的产物，是构成学校软环境的主要部分，赋予学校与众不同的内涵和特色。学校的历史文化传统不仅包含了那些以文字或档案形式存在的内容，还包括了那些口头流传的内容，甚至在流传过程中被后人加上的想象的内容。学校的历史文化传统孕育了学校的核心价值观，是人们评判学校师生员工行为是否正当与合理的重要参照。在日常生活中，不管是学校以内的人还是学校以外的人，总是自觉不自觉地把现在学校所奉行的价值原则以及建立在某些价值原则上的人们的所作所为与以往学校所奉行的价值原则以及建立于其上的所作所为相比较，从而得出一定的结论，形成一定的价值舆论。因此，学校核心价值观的形成一定要有历史意识，重视对学校历史文化传统的梳理、分析和挖掘，积极继承学校历史文化传统中那些积极的价值原则，把它们作为激励和团结全体师生员工的情感纽带。当然，如果学校的历史文化传统总体上说是陈旧的或落伍的，那么就需要加以彻底的改造，同时用新的和更具时代气息的价值原则来开创学校的新时代、新生命，就如同当年蔡元培先生对北京大学的改造那样。

三、学校核心价值观的体现形式

1. 西方学校有"学校价值观声明"。如英国和美国的众多学校，都有指导学校运作的核心价值观，学校核心价值观的表达方式是简明的核心价值观声明。在发给学生和家长阅读的学校手册中，学校核心价值观与学校使命、发展愿景是必不可少的内容，并且往往置于首页。

一所学校价值观声明是这样写的：

我们关心所有的成员，现在的和过去的；

我们相信每个人都不能停止学习，我们需要学习的东西很多，其中一部分是关于我们自己和他人的学习；

我们鼓励每位成员最大化地发挥自己的才能，达到自我价值的实现；

我们努力帮助学生为适应飞速变化的世界作好准备。这包括我们要能够应对生活中的变化，发展独立，接受他人，解决生活中的问题；

我们努力提供涵盖所有学习需要并适应不同能力的学习内容；

我们坚信我们是社区的一部分，我们要与我们周围的人和机构紧密合作；

我们应该为取得的成功而自豪，同时能够从失败中吸取教训；

我们坚信首先要满足学生的基本需要，然后才能产生良好的学习；

我们必须努力使教学方式适应学习者的需要；

我们要对学生的成就保持记录。这可以帮助父母了解孩子的进步，并为父母和教师的交流提供机会；

我们期望所有成员在所有时间都尽其所能；

我们非常愿意看到和帮助从我们这里毕业的学生。

最重要的一点是,每个成员应该在每一天都有一点小的进步与成功。

2. 中国学校一般体现在校训、校歌、校风、学风当中。

比如一些有鲜明特点的校训:

郓城一中:追求真理、探究科学

江苏启东中学:厚德博学

天津南开中学:允公允能、日新月异

北京人大附中:崇德、博学、创新、求实

北京清华附中:自强不息,厚德载物

山东青岛二中:敬教、乐学、育人、报国

江苏南京师范大学附中:嚼得菜根,做得大事

河北衡水中学:追求卓越

广东深圳中学:深圳中学致力于培养个性鲜明、充满自信、敢于负责,具有思想力、领导力、创造力的杰出公民。他们无论身在何处,都能热忱服务社会,并在其中表现出对自然的尊重和对他人的关爱。

杭州学军中学(原杭大附中):为祖国而学习,为未来作准备

重庆巴蜀中学:公正诚朴

四、学校核心价值观体系的生态基础

打造富有活力的学校核心价值观体系,首先需要理清学校核心价值观体系存在和发展的基础。这不仅要求明晰影响学校核心价值观体系的因素,更需要定位这些因素与学校核心价值观体系之间的关系性质。可以说,学校核心价值观体系的存在和发展有着深刻的生态基础,学校核心价值观体系正是学校成员在对内、外环境的有机适应中生成的。

从学校核心价值观体系的三层成分来看,与学校核心价值观体系更为直接相关的生态要素有学校系统定位、生源状况、领导者惯习、

办学条件、教育知识状况和学校历史文化传统等。下面简要分析这些要素对学校核心价值观体系的影响。

第一，学校系统定位。教育发展到今天，已经形成了各级各类学校所构成的学校体系。就学校体系中的某一学校而言，它们都会被规定针对不同层次和类型的受教育对象，因此学校系统定位是对学校人才培养目标、学校发展目标和基本办学方式的基本制度规定。学校系统对一个学校的定位有两种维度：一是纵向层次的维度，如小学、中学、大学等；二是横向的维度，一般学校、示范学校、中心学校、特殊学校等。

第二，生源状况。生源是学校人才生产的"原材料"，也向学校提出了在人才培养目标、学校发展目标以及基本办学方式上的规定性。虽然国家规定了人才培养的一般目标，但这种目标并没有细化和具体化，在不同类型的生源上还有个性化的空间。同样，生源状况也影响着学校发展目标的基本价值取向及基本办学方式，如针对外来务工子弟的学校在办学目标以及教育、教学方式上就应有别于针对城市白领子女的学校。

第三，领导者惯习。即便在崇尚"民主平等"的今天，学校领导者对学校核心价值观体系也不会丧失掌控期望和能力，因为学校领导者在学校组织中的中心地位并不会因为"民主平等"呼声而被轻易削弱。这里所说的惯习主要是指领导者个人的喜好、品味以及倾向性之类的生活风格，它会内在地影响领导者对学校内、外环境的理解，进而从根本上影响学校核心价值观体系的打造。

第四，办学条件。学校核心价值观体系的核心成分是价值取向，这些取向作为目标需要具有一定的理想色彩。但是，学校核心价值观体系的理想性并不能否定学校核心价值观体系的现实性，制约这种现实性的一个重要因素是学校的办学条件，既包括软件也包括硬件。办学条件制约学校的人才培养目标，那些不可能实现的人才培养目标只能暂时被放在现实的价值追求之外。同样的道理，办学条件也影响着学校的发展目标和基本办学方式。

第五，教育知识状况。学校核心价值观体系是学校对自身不断加深认识的结果，因此能够影响学校自身认识的教育知识状况就构成了学校核心价值观体系的重要生态要素。教育知识的发展能够让学校加深对人才内涵的理解、学校使命的解读，并提供新的办学方式选择，学校对新教育知识的应用可以真正进一步引领学校在这些方面的价值取向，有助于打造更有生命力的学校核心价值观体系。

第六，学校历史文化传统。学校组织本身还是一个历史的存在，是在或长或短的历史积淀中成长发展出来的。学校历史文化对学校的作用可以理解为一种"组织惯性"，学校的任何变化发展都要与这种"组织惯性"互动，学校核心价值观体系的存在和发展也不例外。一个学校对自身人才培养目标、学校发展目标以及基本办学方式的理解总有一个发展的过程，现在的理解总是建立在以往理解的基础上，这就是"组织惯性"的一种体现。

学校核心价值观体系的生态性意味着学校的核心价值观体系处于一个生态环境之中，生态环境的其他各种要素与它形成紧密联系的体系，能够对它的存在和发展构成影响。这里需要特别强调，这种生态性的影响不同于物体间的直接作用，这种影响的基本特征是有机的：学校能够在理解这种影响关系的基础上，调整自身的核心价值观姿态，甚至是改造这些影响因素，从而作出更为积极、更富生命活力的价值观适应姿态。

五、学校核心价值观的建构机制

在自觉的学校文化建设过程中，表达清晰、旗帜鲜明的学校核心价值观的提出，能够对学校教学、管理、后勤各方面的改革产生综合的辐射作用，提高学校文化建设的效率。然而，学校核心价值观应该是学校全体成员共同认可和尊重的价值取向，而不是校长个人的办学理念；学校核心价值观声明是学校核心价值观的基本表达方式，但一所学校要真正形成指导本校实践的学校核心价值观，所需要的不仅是起草一份核心价值观声明，而是要进行系统的建构和培育工作。

学校核心价值观的生成机制："自上而下"或"自下而上"。

在学校文化建设过程中，校长组织专门的研究团队，基于对本校历史、现状、当地情况、社会发展需要等因素的分析，以《学校核心价值观声明草案》的形式提出本校在发展方向、培养目标、学生观、教学改革、教师发展、学校与社区和家庭的关系等重要问题上的定位，提交全体教师员工讨论，在讨论的基础上进行必要的修订，并最终生成定稿的《学校核心价值观声明》。这种方式可以看作"自上而下"的学校核心价值观生成路径。

在学校文化建设过程中，学校管理者组织教育思想讨论，动员每一位教职员工畅所欲言、献计献策。学校全体成员在总结本校发展经验、教训的基础上，纷纷就本校发展所面临的各方面问题发表意见，分小组提交《学校核心价值观声明议案》，表达本组成员对学校发展方向、培养目标等问题的看法；学校领导者在整理和吸纳学校成员不同意见的基础上，提炼出《学校核心价值观声明草案》；然后，组织教工就草案内容进行讨论与修改，最终生成定稿的《学校核心价值观声明》。这种方式可以看作"自下而上"的学校核心价值观的生成路径。

总体看来，"自下而上"的生成路径更符合民主治校的理念，并且，因为早期讨论的开放性、两期讨论的配合，有助于充分发挥集体智慧，帮助学校实现尽可能好的定位，也能在更大程度上调动师生员工对学校发展定位问题的关心，使学校核心价值观声明得到更多的支持。但"自上而下"的思路要求学校在前期讨论过程中进行很好的指导，因为普通成员对学校历史、现状、机遇与挑战等问题缺乏总体把握，在参与讨论时可能对讨论的重要性缺乏必要认识，小组讨论可能偏离主题。学校要邀请、组织教育科研人员和学校中层领导等在小组讨论中进行主题发言、形势报告，以确保小组讨论的效果。

无论是"自上而下"的路径还是"自下而上"的路径，就学校核心价值观的生成而言，都是可行的，都可能成功，不存在孰是孰非的问题。最关键的一点是：学校核心价值观声明必须是集体智慧的结晶。学校核心价值观声明必须经过教职员工的讨论与修订，而不应该在专门研究者提出之后就立即定稿。领导拍板敲定的核心价值观声明可能在形式上非常全面、完美，看似节省时间，但在客观上将广大教师置于学校组织发展重要决策的边缘，会导致教师产生"局外人"的心理，削弱学校对教师的吸引力。依据学习型组织理论，学校核心价值观可以看作学校成员的共同愿景，尽管经过反复讨论而提出的共同愿景，在内容上可能与校长个人、专门研究者构思的愿景差别无几，但细致的思想动员过程使教职员工真诚地认同这一愿景，并且愿意为之奋斗。简单地开会传达则使教职员工将愿景看作异己的东西，不愿切实遵行，这种愿景就无法在组织内扎根。

六、学校核心价值观的形成路径及需要注意的问题

学校核心价值观形成的具体路径多种多样：有的是从民族优秀文化传统中借鉴来的，有的是从学校的历史文化传统中继承下来的，有的是由学校师生员工讨论后决定的，有的则可能是受到其他组织核心价值观的启发而模仿产生的，等等。这些路径之间，不存在优先选择的顺序问题，有的时候还可能多种路径同时运用。不管采取什么路径，只要能形成一套符合教育性质、反映社会核心价值观念、体现学校特点、满足学校发展需求、能够得到师生员工认同的核心价值体系就可以。不过，学校在选择核心价值观形成路径方面需要特别注意以下几点：

第一，注意人类基本价值、社会主流价值和学校组织价值的结合。人类的所有价值构成了一个体系，彼此之间存在着相互联系。从某种

价值适用范围看，我们可以将人类所创造的价值分为人类基本价值、社会主流价值、组织价值和个体价值。当然，这四类价值之间还有许多更加具体的层次。人类基本价值是不同文化传统和社会制度中人们都珍视和信奉的价值；社会主流价值是某一个社会中的人们所珍视和信奉的价值；组织价值是某一个社会组织中的人们所珍视和信奉的价值；个体价值就是个体所珍视和信奉的价值。理想地说，学校作为一种社会组织，其核心价值的形成应该是建立在人类基本价值和社会主流价值基础上的，并且为个体价值的形成和实现提供良好的价值环境。也就是说，学校的核心价值从内容上说，不应该与人类的基本价值、社会的主流价值和个体的价值需要相矛盾，更不能违反人类的基本价值、背离社会的主流价值并压制个体价值的实现。当英特尔公司提出了"以客户为导向"、"严明的纪律"、"质量保证"、"鼓励冒险"、"目标激励"以及"创造良好的工作环境"六项核心价值并要求公司员工恪守这些价值原则时，有人问："假如公司的核心价值与公司员工的个人价值发生冲突时怎么办？"其亚洲地区总裁这样回答："公司的核心价值是基于人类基本价值的，因此不仅不会与个体的价值相矛盾，而且还可以帮助公司员工形成正确的个体价值。"学校作为青少年学生价值形成的重要场所，尤其应该做到这一点。

第二，注意核心价值观的形成、阐释与实践的结合。学校核心价值观的形成有狭义和广义的两种理解。从狭义上说，一旦一所学校经由文本的形式明确地"表达"出自己的核心价值观，就算形成了其核心价值观。从广义上说，一所学校核心价值观的形成仅仅通过文本的形式"表达"出来是不够的，还需要为全体师生员工所认知、所认同、所信奉、所实践。

只有当学校的全体师生员工在自己的工作、学习和服务活动中能够自觉践行学校核心价值观的时候，才能说一所学校真正形成了其核心价值观。所以，从广义上说，一所学校核心价值观的形成，既要重视通过合适的途径提炼出来，更要注重利用一些场合去阐释它的含义和精神，并在深刻理解的基础上努力实践，最终使其从一种组织价值观转变为组成成员的信念和无论在何种情况下都会恪守的组织行为原则。学校核心价值观形成的这个动态过程类似于《中庸》中所说的"博学之、审问之、慎思之、明辨之、笃行之"。广泛地学习、反复地拷问、缜密地思考、充分地论证、坚定地实践，应该是最终形成学校核心价值观的基本态度和完整环节。

第三，注意自上而下与自下而上两条路径的结合。学校领导班子特别是校长在学校核心价值观的形成方面起着重要的作用，许多学校的核心价值观就是其首任校长或学校发展关键时期的校长所确定的。校长作为学校的核心和灵魂，一个重要的职责就是提出并阐释学校的核心价值观。但是，学校核心价值观需要的不只是一种文字的表达，不只是一种理念的阐释，而更是一种实践的表达，进而变革成一种生活的方式，彰显一种群体所具有的高远的精神。所以，如果自上而下生成的学校的核心价值观难以得到教师的认同，那么这种核心价值观也很难得以实践。核心价值观作为深化于全体教师心中的教育哲学，其建构主体是全体教师，也包括学生，而不仅仅是校长。虽然校长是学校核心价值观形成的组织者，最终认定的决策者，但这并不意味着校长可以越俎代庖地成为学校核心价值观建设的主体。主体错位以后，理应汇聚各方，特别是教师价值观共识的学校核心价值观便成了校长个人的价值观，如果教师在价值观的选择、建设中缺位，他们的价值共识就难以达成，所谓的学校核心价值观也就流于形式了。只有教师认同了核心价值观，学校的核心价值观才能够真正得以实践，学校的核心价值观才有不断被丰富和滋养的可能。为此，校长应该对社会改革和发展的形势、教育事业的性质、学校的历史和现实、青少年学生的身心发展特征等都有比较全面和深入的了解。在重视校长和学校领导班子在形成学校核心价值观中的领导作用的同时，也要广泛地征求广大师生员工的意见和建议。学校可以先广开言路征求广大师生员工的意见和建议，然后总结提炼出学校的核心价值观。这种征求意见和建议的过程，既是学校核心价值观的形成过程，也是学校核心价值观的全面宣传、讨论的过程，有助于深化师生员工包括学校领导班子对于核心价值观的理解，并为将来的践行打下良好的组织基础和思想基础。

七、践行学校核心价值观

学校核心价值观的扎根机制：思想宣传与制度渗透。

1. 定稿：学校核心价值观的定稿，只是学校核心价值观建设的第一步。

2. 进入文件：学校核心价值观的内容，应该进入学校各种文件，经常被人们看到。

3. 经典讲解：应该开发出关于价值观声明的经典讲解，引导全体成员，尤其是新进校的教工和学生学习、领会。

4. 仪式化：学校的重要仪式（如入学典礼、毕业典礼等）、节日庆祝活动要引用核心价值观，依据核心价值观的精神来组织。

5. 制度体现：学校核心价值观是学校文化的内核，其基本价值是指导学校各方面的改革。学校的教学与管理制度、教师评价与激励制度、学生评价制度、经费及后勤管理制度应该以核心价值观为导向，进行相应变革，使之符合本校发展的理想。以制度形式将核心价值观渗透于学校教学、管理和生活的方方面面，通过制度变革落实核心价值观，是核心价值观扎根的根本依托。学校核心价值观能够为学校制度变革提供指针，而学校制度变革则落实学校核心价值观，促进新型学校文化乃至新型学校的全面生成。

第三章 培育学校的文化

学校文化是学校在长期发展中逐步形成的，为学校全体成员所认同、遵循并带有本校特色的学校精神、传统、校风、教风、学风、追求目标、行为方式的综合，是学校物质财富和精神财富的总和，代表着一所学校前进的方向。对学生来说，学校是他们生命奠基的地方，是影响其一生的精神家园，而学校文化则是影响其生命成长的"根"。由于每所学校都有自己特殊的环境条件和历史传统，同时也形成了自己独特的价值取向与行为方式，从而造就每所学校特有的学校文化。学校文化直接影响着师生共同成长、和谐发展的质量。一所现代化的优质学校必须努力创造能够促进所有师生健康成长、和谐发展的现代学校文化，使学校成为师生共同成长、和谐发展的精神家园。现代学校文化建设是学校建设的重要组成部分，是整合教育资源、实施素质教育的突破口和制高点，是学校深层次、高品位的建设。如何构建现代学校文化、促进学校和谐发展应该成为每位校长认真探索和实践的课题。学校文化是指在一个学校内，经过长期发展积淀而形成的，以校内师生主体创造并达成共识的价值观念、办学思想、办学理念、群体意识、行为规范等构成的价值观体系，是一个学校校园精神与氛围的集中体现。学校文化的核心是学校价值观念、价值取向。它产生于学校自身，得到全体成员的认同和维护并随着学校的发展日益强化。学校文化包括硬件设施、校园环境，也包括学校精神、制度文化、行为文化，以及学校师生所体现出来的文化氛围。学校文化中有传统文化与现代文化的成分，是一个动态、发展、变化的过程，在不断充实、丰富之中，传统文化要秉承，现代文化要创造。

一、对学校文化的理解的两个关键

1. 学校文化不等同于校园文化

校园文化较多地强调空间，指学校物质空间内所生成的一种文化形态。学校文化则归属于组织文化范畴，当前一般将学校文化理解为学校的存在方式，是包括学校成员的价值观、信念、行为方式、学校制度、学校物质空间在内的复合体，其核心是学校的观念文化。

"校园"是个表征空间、场所的概念。校园，是一个物理场，是由一定的空间及其物体组成的，包括土地、校舍、教育设备、自然物质、功能场所等所组成的空间。尽管空间总是与人的活动相关，总是与文化具有多样的相关性，但空间本身并不一定能够成为文化的内核。

将"学校文化"理解为"校园文化"，是大量实践者和研究者的思维习惯，很多人从来没有冷静思考过"学校文化"和"校园文化"的区别。育人是一切学校工作的出发点和归宿，如果学校文化建设只是带来硬件的改变，对于学生素质没有什么影响，那么，学校文化建设的意义如何评判呢？成为花园式学校，又有多少实际价值呢？学校当然应该是美的，但求美的学校首先应该尽好自己的本分。在很漂亮的校园里，我们看到，学生学习得很辛苦，教师工作得很疲惫，没有心情欣赏校园的美景。

问题的关键在于人们将学校文化理解为校园文化，而在校园文化建设中又将重心放在"校园"而不是"文化"上。

学校文化包含的内容更加全面，区别了校园文化的课外活动说、第二课堂说、氛围说等较单一的内容；学校文化除了包括校园文化的内容之外，还包括学校中心工作的载体，即课程文化资源的开发与应用；学校文化更加注重学校群体成员在学校文化建设中的主体作用；更加强调学校的教育、教学、管理与实施素质教育的有机结合。

2. 认识学校文化的内隐性

从内容上讲，学校文化既有物质的，也有精神的，既有制度的，也有行为的，既包括学校校舍的建筑设计、校园的绿化与美化等物化形态内容，也包括校风、学风、教风、集体舆论、规章制度等精神文化形态的内容；从性质上讲，学校文化总体上属于隐性教育，对人有潜移默化的教育作用；从功能上看，学校文化的形成，使学校存在着一种"文化场"，这种"文化场"是学校的一种气势，是一种相对稳定的校园心理现象，是一种学校精神、文化现象。"学校文化场"对存在于它的"场"中的每一个成员，都在施加一定的"力"和"能量"，施加着一定的影响力和制约力，而且施加"力"和施加"能量"的方式是无需直接接触的，它是一种无形的、潜在的影响和制约。同时，存在于"学校文化场"中的任何一个成员，由于他在学校中的地位、声誉不同，具有的影响力也就不同，但都处于各自相应的能级上，都具有一定的"能量"，既受"学校文化场"的制约，又对"学校文化场"的总能量施加着影响。

学校文化之所以能够区别不同的学校，是因为它决定了学校物质表象的内涵本质。学校文化是无形的，但却是可以被感觉得到的信仰、价值观、思维与行动方式的总和。学校文化体现学校核心价值观，它反映了人们的基本思维与行动方式的模式。在外观方面是一种已经成为全体师生习以为常的、不需要思考就能表现出来的行为，在内隐方面是一种被规定了的思维模式，一旦违背了它就会感到不舒服和不自在。一个能提供优质服务的学校，就是要确立和创造一种能够使学校全体师生奋发向上的文化氛围，能够积极地推动学校变革和学校发展的校园文化。因此，学校文化的内核是管理哲学和学校精神，外显是学校风范。

二、学校文化的内容是什么

学校文化的内容大致可包含三个层面，即物质文化层、制度文化层和精神文化层。其核心是精神文化层。

1. 物质文化层

这是学校文化的表层部分，是校园文化的物质载体和凝聚，是形成精神文化层和制度文化层的条件。物质文化层可以透射出办学思想、教育方针、价值观、人才观、道德风尚、校风、学风等。主要包括：①校容校貌。如学校的自然环境、建筑风格、教室布置、体育场所分布、生活条件等。②教学手段和科研条件。这不是指教学设施、科研仪器、实验室设备这些物体本身，而是指凝聚其中并通过它们反映出来的教育思想、治学态度等等，往往还能体现出办学方针、人才观念。不同类型的学校在教学手段和方式上的不同，使其培养的学生在思想文化观念上有很大差异，一接触就能分辨出来。③课外文化体育科技活动。主要指学生课外的文化艺术、科技学术和体育健身活动的品味、层次、频度等所反映的学校办学方针、人才观、校风、学风等。

2. 制度文化层

这是学校文化的中间层次，是指对学校师生员工和学校组织产生规范性、约束性影响的部分，它集中体现了校园文化的精神层文化和物质文化层对个体和群体的行为要求。制度文化层主要是规定了学校成员在共同的教学、科研、管理、生活活动中所应遵循的行为准则，包括：①工作和学习制度。具体指教学管理制度、学籍管理制度、政治思想工作制度、科研管理制度、后勤及生活制度、设备管理制度、财务制度、劳动人事制度、体育锻炼制度、考试制度、奖助学金制度、违纪处分制度等，这些成文的制度与约定及不成文的校纪、校规，对学校师生员工及内部各级组织的言行起约束作用。②责任制度。是指学校内部各级组织、各类人员工作的权利及责任制度，目的是使每位教职工、每名学生、每个部门都有明确的分工和职责，使学校能高效有序地运转。主要包括党政干部分工负责制、教职工岗位责任制以及学生学习责任制。③特殊制度。指学校的非程序化制度，如校、系领导联系学生班指导制度等。

制度文化在根本上来说是人们长期以来形成的对制度的价值判断

和对待制度的方式。各类学校文本中的制度可能相同，但对待制度的态度和方式却截然不同。执行力度的差异，必然使学校的规范程度大相径庭。

3. 精神文化层

指学校领导、教职工和学生共同信守的基本信念、价值标准、道德风尚及精神风貌，它是学校文化的核心和灵魂，是形成校园文化的制度文化层和物质文化层的前提和根源。校园文化中有无精神文化层或精神文化层的优劣，是衡量一所学校是否建立了自己的校园文化或校园文化优劣的标志和标准。主要包括五个方面：①学校目标。它是学校发展战略的核心，是学校共同价值观的集中体现，也是校园文化建设的出发点和归宿。学校的根本目标是培养有理想、有文化、有道德、有纪律、有能力的人才，具体目标是实现实力强校、文化名校、和谐学校。②教育思想或称办学思想。这是学校为实现根本目标而在教学、科研、管理等一切活动中的基本信念，是学校领导班子对人才培养方针、战略和策略的哲学思考。③学校精神。它是学校有意识地提倡、培养的师生员工群体的优良精神风貌，对学校已有的观念意识、传统习惯、行为方式中的积极因素进行总结、提炼和倡导的结果。是全体师生有意识地实践所体现出来的，因而是校园文化发展到一定阶段的产物。校训是学校精神的概括和集中体现。④校风、学风。校风是学校文化的外在表现，是学校及其教职工在办学过程中形成的一种精神状态及精神风貌。校风有两层含义：第一层是指一般的良好风气，只有形成了带有普遍性的、重复出现且相对稳定的行为心理状态，并成为影响校园生活的重要因素时，才具"风"之意义（如开拓进取之风、团结友爱之风、严谨勤奋之风等）；第二层是指一所学校区别于其他学校的独特风气，反映了学校的个性特色。校风包括教学作风、科研作风、工作作风、生活作风、体育锻炼风气等组成部分。就学校的根本目标来看，学风是校风的首要方面。校风是校园文化的外在表现，通过学校全体师生员工的言行举止反映出来，而校园文化是校风、学风的本质内涵。⑤学校道德。它是指学校内部调整人与人、单位与单位、个人与集体、个人与社会、学校和社会之间关系的准则和规范。其内容结构上主要强调调节教职工之间、师生之间、学生之间、师生与学校之间、学校与社会之间的关系。

在上述三个层面的文化形态当中，物质形态的文化是学校文化的外壳，制度形态的文化是学校文化的支柱，精神形态的文化是学校文化的核心。提出文化立校就是要求学校通过学校物质文化、制度文化、精神文化的建设来促进学校的发展，进而办出特色，办出品位，办出品牌。

三、学校文化力及其作用

文化是一种力量。学校文化所产生的力量被称为学校文化力，即学校文化对学校及其成员的发展的作用力和对社会公众的影响程度，是基于学校文化的一种特定的、个性化的综合实力。强大的学校文化力，是学校强大竞争力的有力保障。不同文化几乎决定了学校的不同命运。

当今学校之间的竞争，从表面上看是质量的竞争，从深层次看却是人才的竞争，而本质上则是文化的竞争。因为教育的本质就在于"文化育人"，通过文化的传承和创新，使个体社会化。正如教育部副部长袁贵仁所说："所谓教书育人、管理育人、服务育人、环境育人，说到底，都是文化育人。"文化育人的关键是学校自身的文化建设和文化力的形成。学校文化是学校在长期的办学实践中，经过自身努力、外部影响、历史积淀而逐步形成的独特的东西，它主要凝聚在学校所拥有的理念、制度、管理、行为、校风、教风、学风等深厚底蕴之中，具有前瞻性和先进性，能够形成一种良好的教育氛围和综合力量。这种能够帮助学校和个人可持续发展的原动力和支持力就是学校的文化力，就是学校的核心竞争力，它是学校文化在其发展和积累过程中所形成的现实力量。

　　精神形态的学校文化是学校文化的核心内容，更是学校文化建设所要达成的最高目标。包括办学思想、价值观念、态度作风、行为方式、礼仪习俗、人际关系等等所有精神形态的东西。学校精神文化影响校内成员的价值取向、人格塑造、思维方式、精神风貌、道德情感等，同时，它对外彰显学校的精神风貌、个性特色和社会魅力。学校精神作为一种文化，是学校文化的核心，也是学校组织的灵魂，它体现着学校文化的价值观，是学校文化的方向和实质，学校精神同时诠释着一所学校的个性。学校精神是通过学校对办学思想、办学理念、办学宗旨、校训的提炼和制定，对校徽、校牌、校歌、校报等的设计以及学校共同愿景的确立，对师生潜移默化地进行价值导向。通过长期的反复强化，对培养师生的责任感、归属感和集体荣誉感起着重要的作用。一旦形成传统，学校精神就会产生其权威作用，持久地发挥导向和激励作用。

　　南开中学创始人张伯苓治校严谨，校规严格。在学校一面大穿衣镜上端的横匾上镌刻了 40 字箴言："面必净，发必理，衣必整，纽必结，头容正，肩容平，胸容宽，背容直；气象：勿傲，勿暴，勿怠；颜色：宜和，宜静，宜庄"，对师生穿着、仪表、举止、气质从外及里进行了规范，并历经百余年，从而形成了南开精神。南开走出了两位共和国的总理，我们可以从周总理、温总理的仪表风范和精神气度看出南开制度文化、精神文化的熏陶和铸就之力。

　　卢沟桥事变后，日寇全面侵华，平津沦陷，为保存血脉相承、薪火相传的教育，保存中华民族神圣的文化力量，北大、清华、南开被迫南迁，几经辗转，终至昆明，建成西南联大。其间，200 多名同学组成步行团，在闻一多、黄子坚等 11 位教师的带领下，栉风沐雨，徒步跋涉，行程三千多里，历时 68 天，横越湘、黔、滇三省，以坚忍不屈的毅力，完成了世界教育史上罕见的"长征"。曾有人这样评价西南联大："国难关头，百业俱废，然而联大师生热情不减，弦歌不辍，虽破衣蔽体，糙米果腹，以茅屋为舍，破庙为室，却在短短的八年多时间里，培养了多位世界一流人才。"这里诞生了世界一流的科学家和学界泰斗级人物：杨振宁、李政道、邓稼先、朱光亚，著名化学家唐敖庆、严志达，文学家闻一多、朱自清、沈从文，还有安庆学子著名气象学家叶笃正……这是联大"刚毅坚卓"的学校精神谱写了辉煌的办学业绩。

牛津、剑桥、哈佛、北大、清华等中外名校之所以魅力经久不衰，就在于他们能始终坚持和弘扬自己的优秀文化传统，经过历史的积淀、选择、凝聚，最终形成一种更高境界的精神文化——学校精神，并由此透射其独特的感染力、凝聚力和震撼力，陶冶和启示着一代又一代的学子。

学校文化促进学生的素质发展，促进学生逐步形成正确的世界观、人生观和价值观，具有爱国主义和集体主义的高尚情操，具有创新精神和探究问题的能力，具有健康的体魄和良好的心理素质，尤其是良好的意志品质和健全的人格，既善于保持和发扬中华民族的优秀文化传统，又能尊重其他国家和民族的文化。

学校文化促进教师的发展，提升文化品位，树立素质教育观念，不断提高教育教学能力，逐步成为专家型的教师。

学校文化促进学校的发展，使学校成为学生和教师最向往的地方。

学校文化是凝聚和激励学校群体成员进行教育教学改革的重要精神力量，是素质教育深入实施的一种激励机制，是学校发展的强大内驱力。它需要校长带领大家有意识地去建设。

四、当前学校文化建设中存在的问题

1. 口号盛行，缺乏操作性

当前，学校文化建设中一个较为普遍的现象是口号盛行。什么办学思想、办学理念、办学宗旨、办学方略、办学目标、管理理念、校训校风、教风学风、学校口号等等一大堆，要么空洞无物，要么表行不一。如奋斗目标就是"争创一流"，而创什么"一流"、创哪里的"一流"则不清楚；还有"办人民满意的教育"、"满足人民的教育需求"等，没有明确的内涵和要求，什么东西都可以往里装。时下的一个流行词就是"以人为本"。"以人为本"的基本内涵是尊重人、关心人、发展人。但在"以人为本"的口号下，教师的劳动得不到尊重，教师的专业成长得不到关注，教师的法定待遇得不到落实，教师的民主权利得不到保障。

2. 相互割裂，缺乏系统性

如果说校风是学校文化的集中体现的话，那么学校对校风的表述（包括教风、学风等）既是对学校文化的高度概括，也是对学校文化发展方向的定位。校风即学校风气，它是一所学校所特有的占主导地位的行为习惯和群体风尚，体现为一种独特的心理环境和行为方式。校风由校长和管理人员的工作作风、教师的教风和学生的学风组成。校长的作风是校风的关键，正所谓"有什么样的校长就有什么样的学校"。作风是主导，教风是主体，学风是归宿，三者互相联系。然而，纵观当前各校对"校风"的表述，基本上是"校风、教风、学风"（简称"三风"）。这"三风"不管是指"三类"还是指"三层"，都有划分不当之嫌。如果说"教风"的主体是教师、"学风"的主体是学生，那么请问"校风"的主体是谁？"校风"在表述上另一个问题是相互割裂，流行词语堆砌，既缺乏明确的定位，又缺少内在的联系。

3. 注重形式，缺乏实质性

现在，各校都十分重视学校文化建设，这是十分必要的。但是建设什么样的学校文化？怎样建设自己的学校文化？一些学校在这个问题上还是很模糊的。不少学校把学校文化建设的工夫用在校园环境的绿化美化上，并称之为"校园文化建设"。建设的内容大同小异：花草假山、名人画像、校园雕塑等。如果"名人"和雕塑不被校园里的多数人"认识"和认同，这样的建设有何意义？注重面子而不注重内涵，除了能反映决策者的"文化"外，它违背了学校文化的本义，或者说这是一种"没有文化"的学校文化建设。

如果我们没有准确地把握"学校文化"的内涵，却在大张旗鼓地抓"学校文化"建设，就会走入"没有文化"的误区，必将导致领导随心所欲、教师无所适从、学生信仰缺失。

五、如何培育学校文化

由于学校文化是个性化很强的内涵建设，不同学校的历史背景、发展历程、生源水平存在着差异，不可能有统一的程序、方法和进度，所以，这里仅就学校文化建设的几个重要环节进行表述。

第一，确定学校的发展目标、发展思路，明确学校教育的价值观和学校发展愿景。

长期的计划经济体制和传统的领导方式导致一些学校的"同质化"倾向，缺乏自己的办学个性。实际上，执行党的教育方针和实施素质教育是共性的，但每所学校的办学思想、发展愿景、生源水平、办学条件，特别是教师队伍，是明显不同的。只有承认差异，才能从学校的实际出发，准确定位，实现个性化办学。

党的十六大提出，要培养和造就数以亿计的高素质劳动者，数以千万计的专门人才和一大批拔尖创新人才。很显然，示范性高中与普通高中肩负着不同的培养目标，不可能统统都用"培养德智体美全面发展的建设者和接班人"表述所有学校"培养什么样的人和怎样培养人"的发展目标。任何一所学校都有自己的教育价值观，把学校办成什么样，是每个校长心中的客观存在和客观追求，关键在于要确立积极的、可以实现并成为全校师生共同认可和追求的奋斗目标。这是学校文化建设的必要前提和价值取向。

第二，发现、发掘办学优势和自身的长项，解读学校文化现象。

学校就像一条流淌不息的长河，按照一定的流程前行，校长、教师和学生天天在学校活动，开学、期中、期末、毕业、升学、招生，年复一年。每一所学校在其中形成着各自的精神、风气、习惯、教学方式和学习方式，形成自己独特的学校文化，这是一所学校不因学校迁址或更换校长可以轻易改变和推翻的文化传统。应该说，任何一所学校都有自己的办学优势、优点和长项，当然，也有各自的办学劣势、缺点，只不过缺少记录、挖掘、整理和提炼。

这就需要组织和引导全校师生进行深思和回顾，通过干部教师的深入研讨，通过对学生，包括毕业生进行访谈和调研，更多地了解学校值得倡导的精神，最能吸引师生、感动师生的教育活动，最令人信服、有积极执行力的举措、制度，记忆最深刻的教师和课程等，还可以向家长、向社区征集对学校的印象及学校在周边环境中的影响。通过多方面、多层次地挖掘，使学校优势凸显出来。其实，这个过程也正是弘扬学校优良传统、摒弃歪风邪气的过程，是学校发展中的自我解读、自我革新，可以产生强大的推动力量。一所学校，不管历史长短，不论是何类型，一路走来的优势和长项都是一笔财富，都是不可再生的教育资源。

第三，梳理、反思学校的文化积淀，培育学校文化。

在充分发掘学校的文化现象后，要进行梳理和分析，剔除落后的、不合时宜的成分，沉淀先进的、可培育的因素，最终确定适合本校发展的文化内容。选择和判断本校文化内容，关键是科学论证，在深入研讨"为什么"的基础上，使其成为师生共同认可的先进文化。

经过科学选择和判断所建构的学校文化，还需要传承、培育和创新。学校要抓住各种时机，通过多种形式的活动向师生进行展示、宣传和解读，让师生在实践中感受本校的发展目标、核心价值观和主流文化，以获得师生的认同，并自觉地体现在教和学的行动之中。

第四，引领和培育学校文化是校长的历史责任和重要使命。

校长对学校文化的理论认识如何，积极性、主动性如何，是否具有文化自觉性，决定着一所学校文化发展的厚度与宽度。校长的文化素养包括校长的学识、思想、品位、风范，对学校文化建设发展有着很大的影响。校长的价值观、信念、理想从根本上影响着学校文化的发展方向。

在学校文化建设中校长必须不断更新观念，确立发展思路，不断完善机制，构建管理体系，不断修正目标，创造新的特色。要准确解读本校发展的历史，挖掘学校沿革与发展中的文化脉络，分析和反思学校当前的价值取向与办人民满意的教育的具体差距，并通过自己的判断，选择适合自己学校的文化类型和重点项目，真正解决学校文化建设中的深层次矛盾和影响学校健康发展的薄弱环节。

第五，组织全校师生广泛参与，共同创造、发展和弘扬学校文化。

教师是学校文化建设的主体，更是学校文化的直接传播者，他们通过课程与活动实现文化的传承和创新。因此需要增强教师对学校文化建设的紧迫感、使命感和对本校文化特色的自豪感，应积极发挥他们各自的能力和特长，壮大本校的文化，使之成为学校文化的主动建构者。

学生是学校教育的主体，既是学校文化的参与者、体现者，又是学校文化的建设者、创造者。离开了学生，学校文化就失去了继承性，不再具有生命力。学校文化建设的成效，不仅要看对学生的影响程度，还要看学生参与建设的程度。学校领导和教师要通过各种途径激发学生参与的热情和创造潜能，使学生在更多的感动和感悟中，在巨大的感染和启发中形成弘扬学校文化的自觉性。

从文化学的角度来看，学校文化是一个全新的概念，有着非常深广丰富的内涵，可视为学校一切文化现象的总和，学校文化无处不在，无所不包，学校文化反映学校的精神内涵，是学校教育的灵魂。研究者对学校文化的重视，是因为学校文化是学校成员共同的思维和行为方式，学校文化发展状况对于教育改革能否务实、有效地开展发挥着深层制约作用。重视学校文化研究与建设，已经成为当代中外教育理论和实践界的共识。建设富有特色的学校文化，是校长的崇高使命。

第四章　创建特色学校

办好每一所学校，使每一所学校各有特色，这是教育发展的需要，是培养多元化人才的需要。特色学校，是在全面贯彻教育方针的过程中和长期的教育教学实践活动中，在学校教育工作的整体或全局上形成的、具有比较稳定的、区别于其他学校的独特风格或独特风貌，体现鲜明的学校文化特征，并培养出具有特色人才的学校。建设特色学校，就是要根据不同学校的不同条件和特点，扬长避短，体现各个学校独特的办学特色。学校在办学过程中，各方面发展不可能完全平衡，有的学校这方面发展快些，有的学校另一方面发展快些，允许这种发展差异存在，使一些学校在某方面发挥优势，不仅有利于学校之间互相促进，更有利于推动学校办学水平的全面提高。

特色蕴藏着优势，而优势体现着竞争力。任何一所学校，不论是城镇还是农村学校，不论是规模大的学校还是规模小的学校，不论条件好的学校还是条件差的学校，都有着自身特长和潜在优势。特色学校因校而异，就算是基础薄弱或受师资、生源等条件限制的学校，照样能办出自己的特色，关键是要能够充分挖掘自身的优势，找到个性化办学的新思路，促进学生成才。正如国家总督学顾问陶西平在《大家不同，大家都好——关于学校特色发展问题的思考》报告中所说的："特色学校就是核心价值与附加价值的统一。核心价值就是贯彻国家教育方针、实施国家的课程标准、落实国家的培养目标；附加价值就是自身改革的切入点、自身的个性追求、自身的独特传统。根据办学理念、办学模式、学科建设、学校文化的不同，就形成了多彩的学校办学特色。"这种特色正是一所学校发展的优势所在。

"中小学要办出各自的特色"，是《中国教育改革和发展纲要》提出的明确要求，"特色兴校"是增强学校核心竞争力的重要途径。应该看到，随着教育现代化进程的逐步加快，素质教育和课程改革的不断深入，校际间竞争的日趋激烈，传统的"千校一面"的发展状况已难以适应教育改革的要求，教育的个性化和办学的特色化已经成为我们的必然选择。

一、什么是特色学校

特色学校是指在先进的教育思想指导下，从本校的实际出发，经过长期的办学实践，形成了独特的、稳定的、优质的办学风格与优秀的办学成果的学校。用简洁的话来说，即"特色学校就是个性化的学校，是认识和优化了个性的学校"。

特色，指的是事物所表现的独特的色彩、风格等。办学特色，就是在认真贯彻教育方针的前提下，形成自己学校的办学风格和特征。它包括办学模式的特色、课程教学的特色、教育途径的特色、学校管理的特色等。

特色学校既有一般学校的共性，又有其鲜明的个性，它在教育思想、培养目标、课程设置、师资建设、教育管理、校园环境、学校设施等方面均有别于一般学校的独特个性。

创办特色学校要全面贯彻十七大精神和教育方针，全面提高教育质量，面向全体学生，要有一个良好的教育环境和较好的教风、学风、校风，有较高的教育质量，同时还必须在"特"字上下功夫，形成不同于一般学校的独特性、科学性、稳定性、整体性、文化性。

1. 独特性

指学校在具有一般学校共性的基础上，又有与众不同的个性，它从本校的实际出发，形成在教育上的个性风貌，即"人无我有，人有我优，人优我精"，这是特色学校的主要特征。

实践证明，没有独特的教育，也就谈不上特色学校。特色学校是实现整体化、具有整体风貌、育人效益显著的学校。

特色学校是在坚持教育公平原则的基础上，通过挖掘学校内部潜力并结合特定社区的需要而自然形成的，其本质特征是学校的个性化，其终极目的是促进人的发展与社会的发展。

2. 科学性

指学校办学符合教育方针、教育规律和教育实际，顺应社会的教育发展趋势，形成了较为完善、系统的办学思想和经验，并为人们所接受，有推广价值。

3. 稳定性

指办学的个性和成果长期地显示、保持和发展，并经得住时间的检验，成为学校的传统，具有较深的社会影响。它标志着教育个性的定型和成就。

4. 整体性

任何特色学校的创建都是以发挥本校优势，以点为突破口而开始的。这就要求我们从整体出发注意处理好特色子系统与其他子系统之间的协调发展。不能为了片面地发展学校特色而牺牲其他部门，同时其他部门也应支持特色部门的发展。特色学校的特色不能只停留在某点或局部，而应通过以点带面、以局部促整体形成整体的、综合的特色。特色学校如果不能形成这种整体的、综合的、全面的特色便不能称之为特色学校，而只能称之为特点学校或具有办学特色的学校。

5. 文化性

特色学校是个性化了的学校文化模式。分析异彩纷呈的特色学校不难发现，它们都拥有有个性特点的文化模式，这种模式在学生的个体发展中打上了烙印。

二、怎么认识特色学校

1. 在创建特色学校过程中应防止两种偏向：一是认为高不可攀，只有基础好的重点中学才能办成，同时，担心创特色会影响教育质量。

二是将特色学校的特色狭隘理解为零碎的、个别做法的标新立异，认为只需在音体美和课外活动上做点文章，组织一些游离于学科性课程之外的活动就可以了。其实这样做，非但无益于学校整体办学效益的提高，反而会加重师生的负担。

2. 关于特色学校的三个不等式。

(1) 特色学校不等于学校拥有一批特长学生。建立若干兴趣小组，让一部分学生参与其中，在各级竞赛中获奖，就称为特色学校，这种认识是片面的，何况有些学生有特殊的家庭或因参加某些培训而显示出特长。特色学校必然会拥有一批特长学生，但是拥有一批特长学生的学校，并非就是特色学校。在创建特色学校的过程中，应该是大多数学生参与，甚至是全体学生，对所有学生的发展都有促进作用。那种只有少数学生介入的特色项目，层次虽然高，但只能是拥有特长学生，而不能冠以"特色学校"称号。因为这种少数学生的行为，不可能对学校整体工作形成有力的推动。

(2) 特色学校不等于学校特色。学校特色的界定，在理论界达20种之多，可见分歧之大。其中趋于认同的核心要素，是学校在办学过程中逐步形成的独特的个性风貌。学校特色的外延，在各地实践中表现得相当宽泛，即学校工作的各个方面都能形成特色，呈现出多姿多彩的局面。但学校特色不等于就是特色学校，我们趋向于把它们理解为同质而不同层次的两个概念。学校特色指的是学校工作的某个方面形成特色，是局部特色，可以称之为特色项目或优势项目，如写字教学、计算机教学、科技教育、艺术教育、体育等。而特色学校则是特色渗透在学校工作的各个方面，体现出独特的整体风貌。当然，学校特色与特色学校是有联系的，学校特色可以且应当发展为特色学校，这是一个由局部向整体推进的过程。目前各地中小学的特色建设，大多数只是处于学校特色（优势项目）阶段，形成特色学校尚需时日。

(3) 特色学校不等于全校学生被"一刀切"地发展同一特长。特色项目建设中的"一刀切"现象需要正确地认识。有些学校划一地要求全校所有学生训练同一项目，发展同一特长，"学校特色"是发展了，但是学生个性发展被遏制了。学生个性发展应当是自主的、多样的。有些学校在多个特色项目发展中着重打造某一项目，使学生个性得到自主发展，学校特色也得到充分体现。所以，在倡导"一校一特色"的发展理念时，应当从学生的兴趣和爱好出发，因材施教，切忌步入"一刀切"的误区。

三、创建特色学校的条件

特色学校的创建，是一个长期探索、逐步形成的过程。在实践中首先要认真分析校情和师资队伍，找准突破口，扬长避短，发挥优势。学校领导要全方位地调动学校师生的积极性、主动性与创造性，使创建特色学校这一目标成为学校全体成员的自觉行动，从而使创建特色学校的改革目标和基本要求扩展到学校教育的各学科工作的各个方面。在特色学校建设中，常规管理要到位，教学质量要稳定，这是前提条件。除此之外，至少还应具备以下一些条件：

首先是学校领导要具有较高的理论修养，独特的办学主见，严谨的治校策略，良好的个性化作风。

第二是要有爱岗敬业的教师群体。教师是学校各项工作的具体操作者，是党的教育方针的最直接的执行者。一所学校，如果没有一批爱岗敬业的优秀教师，要想培养学校特色是困难的。

第三是要有切实有效的教育科研。教育工作既要有规律性，也要有创造性。创造性地开展工作，往往能通向特色之路。而学校创造性地开展工作的支撑点，从理论的角度来审视学校工作的立足点，则需要教育科研。"愉快教育"、"成功教育"、"赏识教育"，既是成功的实践，更是科研的成果。

第四是要有正常稳定的教育秩序。学生素质的提高必须依赖于学科课程的优化、活动课程的强化以及环境课程的开发。很难想象一所不执行课程计划、不加强教育流程调控的学校，会有较高的教育质量，会造就出合格加特长的学生。

第五要有健全可靠的保障体系。文明的校园环境，必备的教育设施，周到的后勤服务等，都是学校各项工作正常运行的基础，是培养特色的外因。

根据以上条件和依据，各校可努力探索体现自身优势的特色。从当前来看，在创建特色学校的过程中，学校办学特色有如下模式：培养目标特色，教育途径特色，教学内容特色，教学方法和手段特色，教学评价特色，学校管理特色。

创办特色学校是学校深化改革的突破口。从素质教育出发，要培养"合格＋特长"的学生，就必须创办"规范＋特色"的学校，这也是近年来在教育改革过程中涌现出来的许多特色学校的基本经验。

四、特色学校建设中文化的功能定位

（一）学校文化变革是特色学校建设的关键

特色学校建设是一项涉及学校整个系统的、全方位的学校变革活动。在这一变革中，学校文化起着关键性的作用。

学校变革是一个过程，包括一套由学校成员主持的有计划的系统活动，改善学校教学及组织的过程以解决学校的困境及问题，在个人、小组及学校层面上发挥最大运作效能。校本改革涉及两个方面，即科技改革和学校文化改革。科技改革着重于维持学校运作及达到学校目标的手段的改革，如管理科技、教学科技、学校科技等理论与技术的改革。这种外显的改革被称为第一级改革，容易成功也容易分析。隐藏的改革则涉及学校文化，较难做到也较难分析，被称为第二级改革。由于学校文化决定着人们思考、感觉和行动的方式，因此正确理解和塑造学校文化是教师群体提升、学术成就提高以及学校走向成功的关键，学校文化就真正成为了学校变革的"发动机"。

如果仅进行第一级的科技改革，而不涉及学校成员的价值信念的

改变，变革将流于形式、流于表面，改革的结果要么无效、要么短效。当下，特色学校建设中普遍存在的特色表面化、特色短暂化等问题正是由于学校的特色建设没有涉及精神层面和文化内涵，仅将特色建设集中在硬件建设、项目建设上，才难以建成真正意义上的特色学校。

（二）学校文化传统是特色学校建设的条件与基础

学校特色的形成和发展是通过创新活动实现的，创新既意味着对原有教育思想和教育方式的改革与突破，也意味着对新的办学思想和教育模式的探索，是做学校以前没有做过的事或是其他学校没有做过的事。但这种创新并不是对学校办学传统的全盘否定，而是在对学校的办学传统有所继承的基础上进行的。

建设特色学校，就是要创办文化上有自身特色的学校，这种学校在文化的各个层面——精神、制度、行为乃至物质设备上都或多或少存在着区别于其他学校的文化特征。不同的办学历史和学校传统，是形成办学特色的重要资源，不同的教育理解和教育哲学是形成办学目标、培养目标的基础，不同的社区、环境和背景会提供不同的教育教学生态环境和丰富多彩的课程与教学资源，不同的学风、教风、校风会产生不同的师生行为和人格。

（三）学校文化建构是特色学校建设成功的标志

学校特色是一所学校的整体办学思路在各项工作中所表现的积极的、与众不同的方面，它是一所学校积极进取的个性表现。从某种意义上说，特色学校之所以成为特色学校，就是因为它创建了一种独特、优质、稳定的学校文化模式。学校特色是学校文化的整体表现，是学校理念和精神由内而外的自然呈现与自然生成；是与学校文化的整体协调；是全体师生所共同认可的，并能够表现为师生基本行为；是在学校氛围中能够感觉到的，而不需要刻意讲解和阐述。因此，建设学校文化就是形成学校特色，学校特色应是文化的、内涵的、重视品质的，是在学校文化建设过程中自然形成的。

五、如何创建特色学校

特色学校建设的一般程序：

1. 解读学校传统与教师经验
2. 广泛征求学校所在社区、教职工意见，尤其是弱势群体的声音
3. 创建群体的多元性
4. 会议论证
5. 收集信息
6. 特色方案

具体来说：建设特色学校要从以下五个方面下工夫：

（一）有的放矢，挖掘特色

建设特色学校，首先要知道自己的潜在优势在哪里，即挖掘特色，寻找突破口，这是特色学校建设的起始活动。

1. 以传统优势为突破口

特色建设不是对过去、传统的彻底抛弃，而应在继承中创新。学校的传统特色，包括学校已有的传统文化、教育教学工作、管理工作等方面。以学校传统优势为突破口是大多数特色学校形成的途径。例如，天津市第十三中学从 1958 年起就开始贯彻教育与生产劳动相结合的方针，培养了大批有特长的学生和合格人才，多次获得国家和天津市的表彰和奖励。

2. 以学校薄弱环节为突破口

对于学校工作中长期存在的疑难问题和薄弱之处，要以积极的态度去面对它，不断努力地解决它，最终化薄弱为特色，以此为突破口，为薄弱学校走出困境指明道路。例如，广州市第 109 中学 1990 年以前是一所颇具代表性的"薄弱"初级中学，学生无心向学，教师精神不振，人心思走。为改变这种现状，从 1990 年开始，该校以营造"艺术教育特色"为突破口，针对低层次学校学生明显的厌学情绪，通过优化课堂教学，增加艺术课程，让学生在积极参加艺术活动和艺术表演

中调整心态，融洽人际关系，增强成功感，唤醒主体意识，实现"动机迁移"和"情感迁移"，主动投入学习活动，改善学习行为，提高学习效能。该校最终成为闻名遐迩的特色学校。

3. 将偶然突出的优势转为特色

学校在发展的过程中，可能偶然出现突出成就，比如教师在某次大型教学"比武"中获奖，学生在某次大型比赛中获胜等，外界也会给予学校一些良好的发展机遇，学校要把握这些机会，创造出特色。例如，天津市回民中学以前是天津有名的后进学校，1998年该校参与了天津市教科院组织的"在发展商品经济和改革开放历史条件下，中学生思想现状及教育对策"科研课题的研讨。在研究中，该校认识到要迅速改变学校后进状态，必须"治理学校内部环境，建设良好的小气候"，"以改革现行的班级授课制为突破口，创建优秀班集体"，该校正是抓住了这次机会，转变为特色学校。

4. 以教育理论为指导，创建特色学校

自身办学条件还可以、比较重视科研的学校可采用先进的教育理论并结合本校实际来研究问题。许多学校以素质教育、创新教育作为创建特色学校的指导理论。例如，广东省深圳市华茂实验学校，就是在收集和分析国内外"成功教育"研究成果的基础上，结合自身特点，形成了实施"成功教育"的特色学校。

（二）校本研究，创造特色

特色学校建设需要一种扎根学校实际情况，紧扣"特色"的科研，校本研究就是适合特色学校建设的有效科研模式。

校本研究强调根据学校实际情况进行研究，因而它有较强的针对性，在特色学校建设中能紧扣"特色"而进行研究。校本研究的主体是教师，这就使得研究主体与研究场所紧密地结合在一起，解决了理论与实践相脱节的现象，提高了特色学校建设效率。校本研究具有较强的灵活性，对于研究什么问题、研究多长时间等都可以按照学校需要决定，这有利于集中力量解决特色学校建设中的突出问题。

（三）校本课程，承载特色

每一所特色学校都有其特色办学目标，特色办学目标的实现必须以特色课程为载体。特色课程的功能主要是为培养学生的兴趣、爱好、潜能、个性服务。校本课程补充了国家课程所带来的不足，完善了对人的个性培养，承担了特色学校的特色育人目标，几乎任何一所特色学校都会形成自己的特色课程。比如广东省广州市 109 中学围绕构建"审美教育模式"改革学科课程，加强学科课程的审美教育，优化课程教学活动，缩减文化课教学时间（把原来每节课 45 分钟改为 40 分钟），每天由 7 节变为 8 节。利用每周挤出来的 5 节课，增加艺术课程，开展艺术专项训练。

（四）校本培训，传播特色

特色课程要求教师要有与特色课程相适应的理念、特色课程开发与实施的能力，要求教师更新智能结构，而这些能力的获得也要通过培训。

要将特色全方位扩散出去形成特色学校，就需要一支素质优良的特色教师队伍。学校有必要抓好特色教师队伍的建设，对教师进行培训。例如，北京二中在创建特色学校的过程中，对教师提出"全面育人，教有特点"的要求，在教学方法上强调灵活运用"讲、练、谈、问、议、做"6 种教学基本手段，做到尽量让学生思考，尽量让学生表述，尽量让学生观察，尽量让学生归纳，尽量让学生操作。

教师要具备特色操作能力必须接受培训——校本培训。校本培训是在尊重学校实际的基础上，根据学校的需要，以学校为培训基地，并坚持在上级培训机构的指导下由校长、教师共同组成，充分利用校内外资源，直接服务学校发展及教师提升自我的需要。因此，校本培训是特色学校培养特色教师的最佳选择，是特色教师成长的捷径。

（五）校本管理，提升特色

要巩固和提升"特色"就需要采取有力的"特色"管理措施，校本管理就是一种好的管理模式。

1. 进一步完善特色领导机构

以校长为第一负责人建立和完善特色项目领导小组，并在全校范围内形成一个更为成熟的特色领导小组网络，从组织和人员上保证特色建设的巩固和持续发展。

2. 完善特色制度建设，将特色建设体系化与规范化

首先，要将特色思想、特色内容和特色操作程序规定下来，形成制度，以保证特色发展的连续性，形成特色发展传统。其次，围绕特色主题制定一系列新的特色制度，从制度上来规范和保证特色学校的建设。

3. 成立特色专项资金，从物质上巩固特色

没有足够的物质投入无法建设特色学校，也无法巩固已形成的特色。物质的投入主要用于以下两个方面：首先，用于学校特色校园建设、特色项目建设等方面。其次，开辟"特色"奖励，对于特色建设作出突出贡献的人员给予奖励。

4. 建立特色评价标准，以评价来巩固特色

特色评价可以诊断出特色巩固与发展中存在的问题，完善特色操作内容；特色评价能使特色操作人员感觉到成功与不足，从精神上激励其更加努力巩固特色建设。特色评价的内容应紧扣特色项目，在学校管理评价、教学工作评价、学生工作评价等方面都要加大特色内容。

5. 加大宣传，将特色推向社会

学校在某一方面特色建设上取得的成果必然会产生一定的社会影响，提高学校的声誉，这不但能赢得家长和社会的更多支持，还能增强全校师生的成就感和自豪感，进而有效地推进学校工作的整体优化，全面提高教育质量，提升学校的综合实力。

如今，以特色办学提升学校影响力和知名度的例子有很多。如2010年12月获得"渝中区特色学校建设示范校"的重庆五十中，就走在了特色办学的前沿。

重庆第五十中学是一所普通初中。学校秉承"格物致知，知书明理"的办学理念，致力于"为学生勇攀科学高峰奠基"，积极探索科技教育特色，目前已取得初步成绩。重庆五十中是渝中区首批科技教育特色学校，并成为重庆市"创造教育"实验基地、重庆市青少年航空模型培训基地、全国争当小实验家科学体验活动示范学校。

科技教育特色作为重庆第五十中学重点发展的"王牌"特色，学校拥有一支科研能力较强的科技教育特色队伍——两名全国优秀科技辅导员，五名市级优秀科技辅导员，一名重庆市航模协会裁判委员会主任和多名区级优秀科技辅导员。

其中，学校航模科技继续保持了"全国有名，重庆领先"发展态势，获得了 5 个全国冠军，25 个全国一等奖和多个全国亚军。

在渝中区教委大力推进区域内"学校特色化发展"的背景下，科技教育特色学校的建设，已成为五十中实现优质、均衡、特色化发展的载体和突破口。

为打造科技教育特色，学校首先十分注重科技教育校园文化建设，先后建起了校园科技文化长廊、科技文化浮雕墙，并将中国航天之父钱学森的雕像立在校园显眼位置，突出"环境育人，不言而喻"的功能，让学生在潜移默化的氛围中感受科学的魅力和力量。其次，在教学中，学校大力提倡"探究式"教学，引导学生体验科学知识的生成过程，感受科学探究过程的艰辛与挫折，培养学生坚忍不拔、百折不挠的科学精神。与此同时，学校坚持开办"五十中讲坛"，每周举办科技、人文、艺术等科学知识讲座，促进学生自我教育、自我提升。几年来，学校科技教育逐步形成了"三走进、四体验"的"3＋4"模式。"三走进"，即：一是走进大自然，让学生在自然中陶冶、感悟、激发科学兴趣。二是走进新课程。关注学生知识的生成过程，促进学生在知识的积累过程中注重体验、学会探索、成长自我。三是走进生活。让学生在生活中接受磨炼、大胆实践、学会创新。"四体验"，即学生科技模型制作、学生科学考察和争当小实验家、小发明家体验活动。学校定期举办科技模型制作、学生科学考察和争当小实验家、小发明家科技活动，让学生在活动中培养科学探究习惯和科学精神。

近年来，学校学生在参加各级各类科技比赛中，先后获得全国金奖 11 个，重庆市一等奖 320 个。

重庆第五十中学在特色学校建设过程中，锻炼了师资队伍，凝聚了人心，扩大了学校的影响力和知名度：

2008 年 6 月，学校被渝中区科协和教委评为"渝中区首届科技教育特色学校"；11 月，被评为"全国少年儿童争当小实验家科学体验活动示范学校"。

2010 年学校保送上市级重点中学学生人数达到 57 名，教育教学质量也得到了进一步的提升。在区教委的统一部署和领导下，学校将坚定不移地沿着特色化发展的方向，将五十中建设成为一所有特色、有文化、有品位的优质初级中学。

总之，"创建特色学校"是一项非常艰巨而复杂的长期工作。只要在前行中摸索，在摸索中发展，在发展中创新，在创新中成就特色，以人为本，深入探索，充分发挥学校资源优势，就一定能形成自己独有的办学思想、办学理念。学校的传统积淀、文化氛围、办学理念以及学风、教风等要素是构建起学校品牌的根基。另外，要打造学校品牌，就要以人为本，树立品牌意识，定准学校位置，建立良好的校园文化，贯彻和落实学校各项管理制度，狠抓教育教学质量，以质量创特色，以特色求强势、以强势创品牌、以品牌促发展。特色学校建设不是一个静止的过程，而是一个不断发展的过程，特色只有通过不断的提升才能形成永恒的特色。

第五章　提高学校的执行力

没有执行力，就没有竞争力！微软在未来十年内，所面临的挑战就是执行力。

——比尔·盖茨

东北有家大型国有企业因为经营不善导致破产，后来被境外一家财团收购。厂里的人都在翘首盼望他们能带来什么先进的管理方法。

出乎意料的是，投资者只派了几个人来，除了财务、管理、技术等要害部门的高级管理人员换成了外方人员，其他的根本没动。投资者就一个要求：把先前制定的制度坚定不移地执行下去。

结果怎么样？不到一年，企业就扭亏为盈了。投资者的绝招是什么？执行力，无条件的执行力。

一、执行力是什么

所谓执行力，就是指贯彻战略意图，完成预定目标的操作能力；是发出指令到达成目标的中间环节；是把学校战略、规划转化成为教育效益、成果的关键。执行力包含完成任务的意愿，完成任务的能力，完成任务的程度三个维度。

执行力就是按质按量完成自己所被指定的工作和任务。一个学校是否能够得到发展必须靠人的执行力，学校得到发展的关键在于执行力是否到位，这里执行力既包括领导者的执行力，也包括教师和学生的执行力。人，作为社会的最重要的因素，有没有执行力关键是看他的行为、思想、观念。观念决定思想，思想决定行动。

巴尼维克曾说过："一位经理人的成功，5%在战略，95%在执行。"因此，不管是学校领导还是教师，要提高学校的生命力就必须提高自己岗位的"执行力"。方法多但不一定能成功，需要执行力作坚强的后盾。学校需要执行力，教师需要执行力，学生也需要执行力。

杜郎口、洋思在教学改革上取得了巨大的成功，学校中教师、学生都把工作和学习当成了生命的第一要事、最快乐的事，他们的成功靠的是什么呢？应该就是学校领导、教师、学生的执行力吧！

学校的执行力直接决定一所学校的管理水平，是影响学校管理效能最关键的因素。一旦缺乏执行力，校长说了也白说，再好的管理措施也难以落到实处。因此，在学校管理的过程中，校长必须拥有话语权、指挥权和决策权，这样才能使学校按照校长的意志顺利发展，也只有这样，校长才能实施自己的管理抱负。

说到执行力就不能不说到西点军校。"西点执行力"源于美国著名的西点军事学院，又称西点军校，是美国陆军的一个军事学院，曾经也是陆军的军事堡垒。位于纽约北部哈德逊河西岸的橙县西点镇，故又被称做"西点军校"或"西点"。该院自1802年创立以来，已培养出2位总统、4位五星上将、3700多名将军。二战后，在全球500强企业中，有1000多位董事长、2000多位副董事长、5000多位总经理和董事毕业于这所学校。是什么使西点取得如此骄人的成绩？是什么使西点毕业生成为成功者的代名词？——这就是西点军校的高效执行力！

西点军校22条军规：

①无条件执行；②工作无借口；③细节决定成败；④以上司为榜样；⑤荣誉原则；⑥受人欢迎；⑦善于合作；⑧团队精神；⑨只有第一；⑩敢于冒险；⑪火一般的精神；⑫不断提升自己；⑬勇敢者的游戏；⑭全力以赴；⑮尽职尽责；⑯没有不可能；⑰永不放弃；⑱敬业为魂；⑲为自己奋斗；⑳理念至上；㉑自动自发；㉒立即行动。

西点人对待自己的任务或工作的那种强烈责任感是一种无价之宝，责任感是一种使命，没有了责任，一切都只是空谈。责任有三大标准：①坚守承诺：做人要诚实守信，一诺千金，做事要尽职尽责；②结果导向：无论是做人还是做事，一旦锁定目标就要不达目的誓不罢休。结果很重要，过程同样重要。过程是结果走向成功的桥梁，没有做好过程，就无法获得好的结果；③绝不放弃：在面对困难和挫折时，领导以及员工要团结一心，迎难而上，永不放弃；在面对批评和指责时，更要摆正心态，虚心接受，查漏补缺，争取以后工作中不犯或少犯类似错误。

综合以上所述：执行能力，就个人而言，就是把想干的事情干成功的能力；对于一个单位或部门，则是将长期计划和目标一步步落到实处的能力。执行力是一个单位成功的必要条件，一个好的单位的执行能力强弱反映出这个单位的整体面貌。当单位的计划实施方案已经基本确定，这时候执行能力变得最为关键。计划与执行就好比是理论与实际的关系，理论给予实践方向性的指导，而实践可以用来检查和修正理论。在实际工作中首先要注意通过广泛的民主，制订出自己的工作计划、发展方向，然后通过发挥每一个教师的执行力实现工作计划，达到最终目标。

二、教育执行力存在的问题

对教育执行力的研究是个较新的课题，在研究中除了理论研究外，人们往往从执行不到位、执行中存在的问题等具体方面逆向研究怎样更好地加强和提高执行力在教育中的作用。当前教育中执行力的缺陷主要表现在以下几个方面：

1. 管理工作执行不到位。在教育管理中，对政策的执行不能始终如一，检查工作前紧后松，使得各项工作不能落到实处，严于律人、宽以待己，起到了逆向的表率。突出表现在管理人员和教师执行力不到位，制度工作浮于表面，教育理念停留在口号上，在涉及个人利益方面弄虚作假、争名夺利，同时又教育学生要实事求是，使得教育内容和教育实际反差严重。

2. 管理制度朝令夕改。由于学校管理者出台制度时不严谨，没有认真地论证就仓促出台，使一些制度朝令夕改，弄得教师无所适从，这样即使是真正好的制度也得不到有效的执行。还有就是制度本身不合理，不是没有针对性和可行性，就是过于繁琐不利于执行。这样会严重影响教师的工作积极性和教学效果。

3. 工作流程和结果缺乏必要的监督。接受监督往往会令人感觉到不适应，但是有效的监督考核有利于各项教育目标的达成以及教育计划的落实。监督要根据教育目标和教育计划的执行过程，实行全程督促，将在执行过程中遇到的问题和失误及时解决。过程的监督能够有效避免小失误累积成大问题，造成不可挽回的损失；同时要及时总结在执行过程中取得的好经验，及时推广，加快各项计划和目标的实现。

4. 责任追究不到位，过去对于工作做不好的人员，学校一直没有认真追究，这是执行不到位的根本原因。在目前的管理中，如果一味地依靠大家的自觉，是不科学的，也是不理智的。正是由于以往缺乏责任追究，才导致许多同志认为教研会可有可无，参加不参加是一回事，严重影响了学校的执行力。在管理中常说，开会＋不落实＝零，布置工作＋不检查＝零，抓住不落实的事＋追究不落实的人＝落实。由此可见，在学校管理过程中，工作安排、落实、奖惩是三个不可或缺的环节，任何一个环节出问题，都会影响学校的执行力。

通过进一步的调查研究发现，并不是以往的领导不想进行责任追究，而是在具体实施的过程中阻力重重，使他们感到无能为力。虽然现在都实行校长负责制，但由于目前人事制度的限制，公办学校的校长还不能完全自主决定校级干部和中层干部的任免，因此，校长在追究的过程中往往是心有余而力不足。实际上，在绝大多数的公办学校，不是校长不想作为，而是校长的愿景和现实之间存在较大差距，以至于校长想办的事情总是难以落到实处，这就使许多公办学校的执行力大打折扣。

5. 没有在细节上下工夫，影响执行效度。存在的主要问题有：对执行困难缺乏应急机制；一些工作有计划而不落实；赏罚不明，完成与否一个样，如师生就餐管理，卫生工具放置规定等；事后缺少反思，不追求完美，如校本研训、文明班级评比等。只知道"细节决定成败"，殊不知"细节也能促使进步"。对执行的偏差没有感觉，也不觉得重要，个性上不追求完美的成功。在界定的职责范围内，不能尽职尽责地处理问题，对"标准"的要求不能也不想坚持。缺少科学的监督考核机制。没人监督，也没有监督办法，缺乏自我监督的意识，养成了推诿的习惯，有问题首先想到的是推卸责任，找理由。

具有良好的执行力，一般说来，这个执行的主体是学校的中层。学校中层部门良好的执行力从哪里来？一靠干部们强烈的责任意识和目标意识，二靠部门和部门之间的有机配合，三靠学校对中层的管理与培训。对学校中层的培训尤其重要。因为学校的中层一般是由优秀的骨干教师提拔晋升而来，他们往往凭经验、感觉、模仿和参悟等方式来执行学校的制度，很多人并未掌握管理的技能、工具和方法，工作中容易缺乏连续性和创造性，必须培训使之尽快与机制、制度更好地结合。

需要特别指出的是，学校良好的管理不仅需要优秀的领导层、执行层，更需要全体师生员工的共同参与。教师、学生要增强团队意识。团队建设的基石是合作与竞争。作为学校的被管理者，他们不仅具有高度的主观能动性，同样也是学校各项管理工作的执行者。如果一所学校的广大师生不仅参与学校的民主管理，同时进行自我管理，能将管理的要求内化为自己的实际追求。在学校组织内部，合作的境界越高，则合力越强。而合力的打造是一个不断引领分力、校正分力方向、增进分力力量的过程，这个过程就是通过个体竞争合作实现的。人们具有合作意识就会相互尊重，共享信息和资源，优势互补；人们具有竞争意识，就会积极向上，勇于拼搏和进取，不断超越。遵循合作竞争原则，以年级组、学科组为单位，倡导团队精神，通过相互合作、有序竞争促进年级和学科建设，使得合作与竞争同在，个人进步与集体成功并存，构成学校发展的内部驱动力，促进学校工作整体提升。

三、如何提升学校教育的执行力

高效完成学校的各项教育教学任务，要靠学校整体的执行力，而学校整体执行力是否有效与教职员工能否在自身工作岗位上运用各项技术和技能，认真细致地完成自身分担的任务紧密相关。

（一）加强和提高执行力的先决条件

1. 学校部门之间和成员之间的团结。主要表现为学校领导班子之间的团结。在分工设计上要有明确的责任、权利、义务。互相配合，不越权、不推脱，只有凝结集体的智慧才能创造性地完成集体目标。

2. 加强责权的统一。当前的教育管理改革当中，推行校长负责制是深化教育体制改革的重要内容。因此，学校的主要负责人一定要统揽全局，将学校的教育思想和理念贯彻到学校的各个方面。杜绝以权利充当能力导致用人、失当和决策失误带来的不利影响。

3. 敢于用人敢于放权。在学校管理和教育过程中要做到人才各尽其能。真正做到用人不疑，疑人不用，敢于用人、敢于放权，对学校领导而言是其领导能力和胸怀的体现。放权意味着不仅仅是权利，更主要的是给下属的重托和责任。

（二）提高校长的执行力是前提

提高校长的执行力，是加强学校管理的一个很关键的因素。提高校长自身的执行力，这需要走出一个误区，即认为校长是作决策的人，执行力是中层干部和教职员工的事。实际上校长将管理思想与管理的策略运用实施到实际管理当中去，这就是校长应具备的执行力。应从以下三个方面着手：

1. 做善于学习善于创新的校长。校长要有现代教育科学理论知识、学校管理理论知识以及丰富的实践经验。只有这样，校长才能有对教育政策的敏锐解析能力和理解能力，才能因地制宜地制定决策并及时调整，以求执行的高效。校长不仅要学理论，还要善于实践，深人思考，不断创新，并在实践中有所突破。这样才能使决策的制定更符合实际需要，提高决策的正确性。

2. 做善于团结协作的校长。决策的执行不是校长个人的"独舞"，"一个篱笆三个桩，一个好汉三个帮"，学校的发展需要广大师生的鼎力合作。只有全体教职员工互相配合，劲儿往一处使，形成一股强大的合力，才能使决策落在实处。因此，校长要明察师生的需要，在执行中凸显人文关怀；校长要有民主意识，和师生保持畅通无阻的沟通渠道，并在执行中及时跟踪、反馈、调整，形成良好的互动关系。有了决策的正确性和全体员工的团结协作，就拥有了"天时、地利、人和"，决策才能得到有效执行。

3. 做身体力行的校长。"火车跑得快，全靠车头带"，在决策的执行中，校长就是学校中层领导和全体师生行动的楷模。校长作为教育决策的坚定践行者，其身上体现出的脚踏实地的工作精神和严谨治学的工作作风，对师生具有明显的带动作用。"其身正，不令而行"，要求教师做到的，校长自己要首先做到。不说空话，身体力行，才有助于提高校长的威信。提高执行力，校长要脚踏实地，以"实干家"的本色，做好执行的"排头兵"、"领头雁"。

（三）提高中层的执行力是关键

学校的执行力水平在很大程度上还取决于中层干部执行力的高低，它既可以促使学校快速发展，也可以使学校停滞不前，甚至倒退。中层领导的个人政治思想和业务水平，从某种意义上决定着其执行力的高低，也影响着他们在教师中的威信，这是个人魅力的折射。一方面，中层领导必须严于律己，对工作精益求精，与教师真诚沟通。中层领导应该从自己做起，多看别人的优点，接纳或善意提醒别人的不足，相互尊重，相互激励。各部门之间应各司其职，分工合作，互相沟通，形成合力，并及时、经常性地与校长沟通，赢得支持。另一方面，中层领导要主动积极，尽职尽责，不推脱，不扯皮。积极主动、事事落到实处的中层，一定是一个执行力很强的中层。学校有一个踏实高效的中层群体，任何工作都能够有效、有序地执行到位。

学校的中层管理者，必须明白三点，来认清自己的角色：在下属面前，你是领导；在校长面前，你是下属；在平行部门面前，你又是他们的同事。认真思考三个角色，并进行自我完善。这三个角色，任何一个缺失，都不是一个合格的中层干部。中层要提升执行力，就要做到"精"、"明"、"强"、"干"。

"精"——作为中层行政管理人员，必须精通本部门的专业业务：财务部门必须精于财务管理，教务部门必须精于教学管理，教研部门必须精于研究业务管理，德育部门和团委必须精于德育管理、班级管理、团队建设、活动开展等。

"明"——作为中层行政管理人员，必须明白本部门的主要职责：总务部门要保障教学，教务部门要通过日常管理保障课时计划的落实，教研部门要通过教师培训、教研活动的开展来提升学校的内涵，德育部门、团委则要通过各种活动，丰富学生的生活，促进学生非智力因素的发展等等。

"强"——作为中层行政管理人员，必须是本部门的业务骨干，同时，还是某一个方面的专家。能力强表现为以下几个方面：能上课、能写文章、能讲座、能组织活动等。各种教育教学方面活动能够拿得起、要得开、控得住。

"干"——这是中层行政人员的一个关键字。校长的决策、思想、对教育的理解需要这个层面的人去落实，如果没有"干"这个字，将一切落空。而这个字也表明了这个层面工作人员的一个态度：学校领导一旦决策，坚决执行，绝不拖延，想方设法，保障到位。

（四）加强教师执行力建设是根本

强化执行力，离不开教师的参与，学校执行力的实现，每一个教师都有责任和义务。在现实中，我们常常会遇到这样的情况：当你问一个教师为什么他们学校执行力不好的时候，他通常会分析出很多的原因。但再问一句：你又是如何执行学校的制度的呢？这时候，很多教师是不选择正面作答的。

也就是说，在学校中，有些教师经常忽略的是自己的行为，而更多关注的是学校做了什么、别人做了什么。这是由于教师缺乏参与意识所造成的。

执行力需要态度，态度决定一切。在日常教学工作中，常会碰到有任务了：有些教师会想方设法解决问题圆满完成任务；有些教师会一筹莫展，对任务也是拖拖拉拉。认真负责、有责任心的工作态度是教师职业的关键要素。在育人过程中，教师始终要认识到这是一个塑造灵魂的伟大工程，应时时刻刻心存"以人为本"的理念，应怀一颗感恩之心去精心培育祖国娇嫩的"花朵"。只有做到"四心"——尽心、热心、用心、耐心把教育工作视为"为自己"，变"要我去做"为"我要去做"，这样会使教育教学工作精益求精，在无形中提高了学校执行力，提高了教育教学效果。在具体的教学实践过程中，不光要积极创设师生平等、民主、开放式的课堂氛围，还应根据当地学校的实际情况和不同的教学内容去选择灵活多样的教学模式，提高学生学习的实效性。此外，更要发挥集体优势，注重科研效果，踏踏实实地以研导教，以教促研。这样对提高教育教学效果有很大的帮助。

执行力需要细节，因为细节决定成败。提高执行力，教师就要树立一种细致严谨的作风，把小事做细，把细节做精。"学高为师，身正为范。"教师要时刻心存"以生为本"的理念，巧妙运用各种激励方法，看到他们的努力和进步，更要看到他们追求上进之心，耐心地帮助他们一步一步走向收获的海洋。一句话，"精益求精，把小事做细，把细节做精"，就是执行力追逐的目标，追求细节有多深，执行力就会有多深，教育教学效果就会有多好！

执行力需要沟通，因为沟通决定信任。在沟通中，管理者要学会倾听，倾听不是被动，而是主动的行为，倾听能听出"字里行间"的内容，倾听通过非语言行为能向教师传达"我正在认真听你说"。努力关注教师内心所要倾诉的内容和心声。管理者态度要诚恳，避免消极的评价，避免指责。要积极地评价，客观对待问题，真诚赞美其优势，鼓励去除不足之处，用心换心，真实表达自己的看法和情感，用爱心去换取教师的信赖。这份理解是体验他人内心世界的能力，体验他人的内心世界有如自己的内心世界一般。从教师的角度来体验其情感和思维，把握教师的体验与其经历和人格间的联系。管理者所表现出来的尊重，是建立良好人际交往的基础，尊重使教师感受到平等安全的氛围，尊重使教师感受到被接纳，获得自我价值感。总之，尊重就是接纳教师的现状及其价值观、人格和权益，并予以充分关注。正如罗杰斯所说："尊重是无条件的。"管理者应做到：尊重教学水平不高的教师；尊重有过错的教师；尊重和自己意见不一致的教师；尊重不尊重自己的教师。

（五）强化执行力，就必须有一个好的政策和制度环境

要改变一些教师执行力不强的状况，管理者应该通过制定相应的制度，给他们提供参与的机会，逐渐调动他们的积极性。如果学校文化的建设只是口耳相传的环节，而不是及时地付诸执行，就会导致教职工的"不在状态"。

要想改变这种情形，学校就要在让教师从心里认同学校文化的基础上，为教师提供一个充分体现自身价值的职业发展平台和机制。通过系统的业务培训，提升教师工作能力；通过有效的激励机制，激发教师潜能；通过公平的淘汰机制和监督机制，营造优质的竞争氛围。只有这样，教师的职业价值才会与学校文化的价值取向有机结合起来。

要注意的是，学校在制定相关制度时，必须本着这样一个原则，即所有的制度和规定都是为了帮助教师更好地工作，是为了提供方便而不是为了约束，是为了规范行为而不是一种负担。否则的话，有可能导致教师敷衍了事，使学校的制度和规定流于形式。

（六）提高执行力，需要制度与监督。

心理学告知：缺乏自律、自觉是人的天性。因此提高学校管理执行力，还需要制度的保障与有效的监督。"行政月会、周前会议、班主任例会、学生干部会"等会议制度，阶段性工作报告制度，教师培训、考核制度，这些制度在一定程度上保证了学校管理工作的执行力度。德育、体育、财务、装备、特色创建、校务公开、开学工作等专项检查与年度发展性督导评估时刻监督着学校工作的执行情况。制度制定要实，要能量化，尽可能避免制度与执行"两张皮"现象。另外监督要适度，要透明，要有效；避免重台账，虚执行，妨碍正常教育。

执行力是个人"执行并完成任务"的能力。很多事听起来简单，做起来却未必。按质、按量、按时，是完成任务的三大要素，缺其一则事不成。学校的每个员工在学校这个大团队中扮演着不同的角色，承担着不同的责任，是紧密联系的整体。一所学校，从最高领导到基层员工，只要人人都有一种良好的心态，人人立足本职，尽心尽力做好自己的事，每件事都从学校的根本立场出发，在学校发展中的每个环节都团结协作，上下一心，和谐发展，学校必然会更加茁壮地成长。"天下无不成之事，各守乃业，则业无不成。"这才是真正的执行力结果！

总之，执行力是办学的关键。学校领导应带头解放思想，转变观念，端正态度，因为这是前提；学校中层应勇于创新举措、创优发展环境；一线教师更应扎实提高课堂教学的有效性，注重细节，不断反思，积极创新，加强学习，努力实践。只有要求每位教育工作者时刻更新理念，保持"提质、提效、提神"的精神状态，牢记"此刻就从自身做起"，才能不断执行能力，才能不断提升教育质量让群众满意，才能不断提升教育形象让社会满意。

第六章　学校的制度建设与人本管理

随着教育管理体制改革的不断深入和课程改革理念的贯彻落实，学校办学自主权逐渐扩大，原有的管理模式已难以适应形式的要求，学校管理理念和管理手段正在发生着相应的变革。因此，探索和思考学校的制度建设，营造有利于学校自主发展的制度环境，加强和改进学校管理与调控，促进学校全面、协调、可持续发展，具有重要意义。

提及学校管理，大家谈得较多的是如何建立各项规章制度，用制度管人。这当然是必不可少的，但是对学校的管理，主要是通过对教职工的管理来实现的。在工作实践中可以体会到：要管理好学校的工作，单靠制度管理是远远不够的，还必须以人为本，用人文精神管理教师，以情感人。要善于把建章立制的"硬"管理同人文精神的"软"管理结合起来，既"管"且"理"，重"管"更重"理"，实现由制度管理向人本管理的转变，这样才能使一定的管理行为收到预期的效果。学校管理制度既可以看做一种管理制度，又可以看做一种服务制度，即是为创设稳定而有序的教学秩序，提高教与学的质量服务的。然而不管是什么制度，从管理学上讲，它毕竟只是管理的手段和方式，通过制度建设促进学校机制创新，才是管理的最终目标。这里，我们不得不面对一个最基本的管理难题，有的学者把这称为"管理的两难困境"。一方面，管理愈协调一致，就愈使人束缚，而在另一方面，人的天性又崇尚自由和无拘无束，因此管理者不得不面对组织中的规范和人的个性发展之间的冲突问题。从某种意义上说，全部管理的艺术就在于寻找组织维持（这是需要一系列制度作保障的）和组织创新（这是需要充分发挥组织成员主动性和首创精神的）这二者之间的平衡点。这一平衡点如何找，可以从人本管理方面着手，使学校制度建设真正体现"以人为本"。

一、怎么认识学校管理中的制度管理与人本管理

学校管理中的制度管理和人本管理是有区别的，首先它们是管理学史上不同发展阶段的产物，从泰勒的科学管理（以制度管理为主要手段）到人本管理是历史发展的一个进步，是社会物质文化的发展和人的自主意识、民主思想增强的具体表现，是以物质财富管理为中心的管理向以人为中心的管理转变。

第二个区别是管理的人性假设不同。制度管理（科学管理时期的主要管理手段）是以"经济人"假设为管理基础的，而人本管理则是以"社会人"假设为管理基础的。"经济人"假设只看到人性的消极、自私的一面，而"社会人"假设则注重人性积极的方面。学校中的制度管理也是一样，尤其是私立学校，怎样给教师确立人性假设，或者说确立什么样的人性假设理念，是科学管理还是人本管理的主要区别。如果学校管理中只注重强调制度管理，不重视人的合理需求和平等意识，那就如"科学管理"一样，是以物质管理为中心，管理者只注重办学效益和经济收入，把教师当成工具使用。而人本管理则是人为管理的核心，以满足人的合理需求和有利于人的发展为出发点。

第三点区别是人本管理的外延大于制度管理。现代的制度管理能体现人本管理的一些内容，但不能体现人本管理的全部。比如人际关系和感情投入，无法完全体现在制度管理之中。

二、学校管理制度的作用主要有四方面

（一）维持正常的学校工作秩序

从学校自身来说，它是一个正常的管理组织，它所制定的各项规章制度能调控师生员工的行为规范，学校的各个部门和师生员工只有遵守这些规章制度，学校的教育教学活动才能正常进行下去。如果学校规章制度不健全，或者是有章不循，有法不依，各行其是，各自为政，就会造成学校管理混乱、组织纪律涣散、教学设施流失，最终导

致教育教学工作陷入无序状态，教育质量严重下降，损害了青少年学生的健康成长。

（二）提高学校管理效率

由于学校内部各个组织机构担负着各不相同的工作任务，负有各自的管理职能，容易从本部门的利益出发考虑问题，因此在工作中不可避免地会出现矛盾摩擦甚至相互扯皮推诿的现象。为了保证各机构之间在管理活动中的协调配合，就需要依靠科学而合理的制度来进行调节。

（三）保证学校内外各项工作的协调一致

现代学校教育教学活动日趋复杂，学校与社会以及社区的关系日益密切，客观上需要有一些规章制度来调节学校内外各部门及各项工作之间的关系，这样才能保证学校内外各项工作的协调一致。

（四）调节学校各种利益关系

学校实行劳动人事分配制度改革以来，应用利益杠杆调动部门和教职工劳动积极性的作用日益凸显。为了破除平均主义的分配方式，使学校内部的劳动与报酬紧密挂钩，真正实行按劳分配、多劳多得、优质优酬的分配原则，就需要建立和实施能充分调动教职工工作积极性及责任感的课时津贴制度、职务津贴制度和岗位津贴制度等。通过这些制度的建立和实施，一方面鼓励教职工用自己的努力去争取收入的增加，另一方面也兼顾到了不同部门和群体的改造特点，协调学校各方面的利益关系。

三、学校管理中制度管理与人本管理的关系

学校管理中制度管理与人本管理有着十分紧密的联系。虽然制度管理和人本管理有区别，但是，两者之间并不是完全对立的关系，两者之间还是有联系的。正是两者之间的内在的联系，要求我们在学校管理过程中，把制度管理和人本管理有机地结合起来，建立一种既基于规范又超越规范的管理方式。

制度管理和人本管理的联系主要体现在：首先，两者的目的是一

致的，都是为了实现共同的目标，都是为了学校的发展；其次，两种管理在学校管理中具有互补性，实行制度管理能够使学校教育教学规范有序；实行人本管理能够充分调动学校教育教学工作者的积极性和创造性，使学校充满生机和活力。实行制度管理能够约束少数人违背集体利益的行为，实行人本管理能够为大多数人营造自由发展、学校可持续发展的环境。

四、制度建设中要坚持以人为本的理念

学校管理对象的主体是"人"。在学校管理中，单靠制度管理是远远不够的，还要以人为本，用人文精神管理学校，关心学校师生，构建和谐校园。学校管理者要善于把建章立制的"硬"管理同人文精神的"软"管理结合起来，实现由制度管理向人本管理的转变。应按照教育发展规律，从科学发展观的战略高度，推动学校的制度建设向人本管理转化，使学校制度遵循和体现以人为本、以师生发展为中心，推动学校可持续发展。

（一）学校的制度建设要体现以学生为本的教育理念

就教育而言，是人规定教育，而不是教育规定人。人为教育"立法"、为学校"立规"，就必须坚持以人为本、以学生为本，学校制度就必须体现以学生为本的教育理念。学校在制定制度时，动因要符合目的。比如，制定校规的目的是为了更好地教育和管理学生、维持学校的教育教学秩序，而不是为了歧视某类学生或剥夺某些学生的权益。"以学生为本"就是要把每一个学生看成不同的主体，让每个学生的人格、个性、兴趣都得到尊重，使学生获得个性发展的主动权。

（二）学校的制度建设要体现以激励为本的教师理念

学校教育质量的高低，从根本上讲，取决于教师队伍素质的高低和教师投入的多少。在教育体制创新过程中，要坚持以人为本，重在激励。制度约束只是基本要求，激励人才是最高要求。约束机制拉不开教师发展的档次，而激励机制更能发挥出人的全部潜力。学校的制度建设，要实现让每个岗位都是必需的，每个岗位都有最适合的人，

每个人都在最适合的岗位上，每个上岗的人都有责任和忧患意识。通过制度建设调动教师的积极性，营造出有利于人才辈出、人尽其才的用人环境。

（三）学校的制度建设要有利于整合各种资源、协调各种群体利益

在教育改革不断深入的过程中，学校各种利益群体的需求开始发生变化，出现了多元目标和多元需求。如一线教师与后勤职工、领导干部与一般管理人员等，虽然大家的总体目标和利益一致，但具体利益追求不尽相同。学校资源的动员、配置和各种群体利益的协调、兼顾，并非易事，单靠利益驱动、思想政治工作不行，这对学校制度建设提出了更高的要求和更大的挑战。管理者应通过改革创新、卓有成效的制度设计和细致的思想政治工作，把校内外各种资源最充分地动员起来，在有利于加快发展的基础上整合、协调、兼顾各个群体的利益，让每个群体的劳动都得到尊重，努力都得到回报，最广泛地调动起各方的积极性，使每个人都能为学校的发展目标同心同德、共同奋斗。

具体应做到以下几点：

（1）在整个制度制定过程中充分听取教职工的意见，而不是校领导少数人关起门来自行决策；

（2）所制定的制度，尤其在涉及教学专业领域问题时不宜过细、过密，要给教师教学创新和专业发展留下足够的空间；

（3）制度中有些内容（如教学业绩奖励制度）的设计，不但要突出执行的结果，也要看其执行过程，完美的制度建设应使人在整个执行过程中而不仅仅是在执行以后体验到一种自身价值的实现和满足；

（4）制度建设中要有足够的内容，这些内容能使教职员工深刻感受到其事业成功和个人发展的无限可能性，从而激励其不断奋发向上，追求成功；

（5）制度建设不能以"管、卡、压"为基本准则，而应以最大限度地方便和满足师生的学习和工作为出发点。只有在学校制度建设中

充分考虑了上述这些因素，才能在学校中建立一支团结协作、具有奉献精神的教职工群体，并在管理上达到一种既有规范和制度又有每个人个性和能力的充分发展的高层次的管理境界。

五、树立人本办学思想，营造和谐管理氛围

（一）管理的重心由制度向人本管理过渡

学校管理首先应该是针对人的管理，因此学校管理必须要"目中有人"。人文管理是现代学校管理的重要特征。所谓"以人为本"的思想，是指关注人的发展，以人的成长规律为教育的基本指导思想。但目前许多学校管理却把充满个性与自由的教师群体看做"物"，是工作程序，这种管理一味强调制度的制约，忽视了人本因素，久而久之造成学校人际关系紧张，教师工作态度消极，教师创造潜能难以发挥，甚至会形成繁琐无用的形式主义。因此，学校在强调制度管理的同时，更应充分考虑"人"这个最活跃、最具能动性的因素，处理好制度管理与人本管理的辩证关系，在制度管理中充分渗透人本管理，在人本中充分体现依法治教，依章治校，以德立校的原则，从而使学校成为充满理性与人性的高效组织。

1. 变重行政管理为重"人本"管理

传统的管理模式，较多地表现为管制、监控、指示、命令，这在一定程度上束缚了人的个性和创造才能。新的学校管理制度和机构，要根据学生和教师发展的需要进行重建，倡导人人都是管理者、决策者，同时又是决策的执行者。学校应树立以"三个为本"为核心的办学思想，即："教育以人为本"——尊重人性、人格，发展个性特长，培养全面发展的人才，倾注温暖的人文情怀；"教师以学生为本"——一切为了学生的发展，一切为了学生的成人、成才，一切都着眼于调动和依靠学生内在的积极性；"校长以教师为本"——尊重知识，尊重教师，关心教师，营造民主和谐、人和政通的管理氛围。

2. 变"压抑的环境"为"互相尊重的环境"

在有些学校管理者心目中，管理就是检查、督促、更换人员，管理者就是"警察"或"监工"。这样，教师常常感到心理受挫，工作压力大，从而产生种种不良的心理负担。心理研究表明，过度焦虑的人会降低自己对周围事物的敏感性，降低对事物的判断能力，疲劳和烦恼会使人感到难以胜任工作的要求。因此，作为管理者要善于营造一个互相平等、团结和谐的工作氛围，学会尊重教师的人格，尊重教师的工作，尊重教师的需要。首先，要建立良好的人际关系，使人与人之间感情融洽，心情舒畅，相互产生积极影响；其次，学校领导要主动与教师交往，做教师的知心朋友；再次，学校领导应给予教师充分的信任，不要"事必躬亲"。这样，教师就可以怀着一种快乐的心情工作，自上而下实现学校的自动化管理。

3. 变"刚性的制度管理"为"以师为本的弹性管理"

现在学校管理过于强调定量评价。随着社会的发展，教师、学生越来越有"主见"、有"个性"，"自我实现"的倾向正在迅速发展，因而也越来越难以控制。刚性的制度管理只能解决"不可这样做"，而不能解决"如何做得更好"的问题。因此，作为管理者要重视教师的参与意识和创造意识，一方面可激发其主人翁意识和工作责任感，提高教师自我价值感，提高工作效率；另一方面由于教职工参与学校管理，增加了管理的透明度与可信度，增强认同感，使学校与教职工形成一个整体，人人明确自己的成长、发展与学校事业发展的密切关系，提高了教职工的自豪感、责任心和使命感。

4. 变"结果管理"为"过程管理"

学校管理不同于足球比赛，不能只看输赢，只有把结果与过程有机统一，才能提高管理效能。如在教学质量评价上，不能只用及格率、升学率及分数的高低来衡量教师工作成绩，而应侧重学生综合素质的提高、创新精神和创新能力的培养。对教师的评价与考核，应改变那种单纯总结过去的评定方式，给教师贴上"优，合格，不合格"的标签，把教师分等、分级。而要慎重选择评价结果的呈现方式，采用激励性的评价方式，立足于教师的发展，帮助教师分析过去，探讨如何使教师明天更好地发展。

（二）管理实践中要坚持以人为本的原则

从当前学校管理工作情况来看，存在着重管事轻管人、重结果而轻过程的倾向，更有甚者，认为只有时刻把教师管得严严的，才能显示出管理的威力和水平。这种管理策略，对某些工厂、企业或许确有实效，但对教师来说，则为无视其工作特点和职业的社会特殊性，未必是一种高明的管理。我们不妨先来分析一下教师的工作特点、心理特征及其影响因素。首先，就教师的工作特点而言，教师除完成学校的教学工作外，备课、批改作业、辅导、自我学习、收集资料、教研、科研以及家访等都很难在"八小时工作时间"内在特定的办公地点完成，也就是说教师的工作没有时间和空间的限制，他们的工作数量和质量也很难用一个标准的尺度来衡量。因为，教师的职业活动方式是以个体劳动为主，而教育成果却是集体创造的，一个人的培养需要许多教育工作者的努力。就一所学校来说，单是教学常规的形成就需要各任课教师的配合、后勤的保证等全体教职员工的通力合作。所以，教师的努力目标、工作效果及教育效果的价值都是难于具体准确评价和计算的，并非准时上下班那么简单。其次，教师职业的特殊性使教师的心理具有求知进取，善于思考，喜欢说服，讨厌压服的特点；"为人师表"的社会期待和强烈的自尊心，又促使教师能自觉地严于律己，能控制自己的感情，尤其是职业成熟度较高的教师，有着追求事业成就的强烈愿望，其事业心、责任感强烈而持久。他们不仅希望得到学生的尊重，更希望得到领导的尊重。反之，因为情绪不安会导致工作态度的消极。管理的核心是"人"，以人为本，关心人，爱护人，尊重人，这就是我们常说的人文关怀，生命关怀。在师生的成长和发展过程中，这种人文关怀就是承认人的价值，尊重人的个人利益。

1. 管理工作者要善于尊重、理解、激励教师

教师从事的劳动，是需要发挥人的聪明才智的劳动。因此，最有效、最灵验的管理方法就是领导对教师劳动的理解和对教师人格的尊重，

是领导对教师的感情投入和思想沟通，是领导与教师之间的同事之谊，手足之情。教师作为特殊的脑力劳动者，普遍具有强烈的自尊心和自我表现欲望。他们对尊重的需要，高于对物质的需要；对实现自我价值的要求，高于对金钱的追求。他们最大的愿望是精神上的鼓励，事业上的成功；最大的苦恼是精神上的创伤，能力上的受压抑。根据美国心理学家马斯洛的人类动机理论，在工作实践中，应努力构建教师激励机制，尽量满足教师的不同层次需求，以此来调动广大教师的积极性。一是关心教师的物质生活，想方设法为教师解决实际困难，让教师亲身感受到集体的温暖。学校有位外地青年教师寄宿在亲戚家，学校调整挤出一间宿舍妥善安排，安居使他坚定了事业心。二是关心教师的精神生活，与教师建立起志同道合的同志关系，互相支持和帮助。当教师遇到烦恼时，当教师生病住院时，当教师家有婚丧喜庆时，领导都上门关心、慰问或祝贺。三是为教师创造一个施展才华、实现自我的良好条件。培养他们成为教学骨干，学科带头人；特别优秀者，吸收入党，提拔到领导岗位，让他们发挥更大的作用。

2. 运用"情感管理"关心教师

学校领导要重视"情感管理"的作用，把情感看成管理的一种力量，自觉地运用自身的因素去激发、感染、影响教师，形成巨大的推动力。领导要善于利用情感的叠加性，以激励教师的情感，用语言和非语言的沟通来表达自己的情感，使每一项工作都渗透着健康积极之情，不断强化干群之间的互促性和凝聚力。

对待教师，要真诚、公平、公正、热情主动、实心实意、持之以恒地为教师服务，赢得教师的信任和爱戴。关爱教师，要实际、具体，想教师之所想，急教师之所急。贴近教师的生活、工作、学习实际，有针对性地解决教师的住房、办公条件、福利待遇、个人生活等问题，为教师创造良好、舒适的工作、生活环境。通过对教师行为实践的科学合理评估，在教师中评选教学骨干、管理能手，诱导教师产生积极向上的工作热情，激发教师实现自身价值的强烈欲望。以人为本的"情感管理"

虽然强调人的主体性，但并不是排斥任何理性。为约束规范起见，保证教育教学有序运转、稳定、高效，必须用制度来规范。

3. 为每一个教师搭建展示自己的舞台

搭建成功平台，让教师在成功中实现自身价值。根据教师的个体差异，贴近实际地帮助教师确立成长目标，做到长、中、短期相结合，既给他压力，也给他前进的动力。凡取得比原学历高一层次的学历证书，普通话、计算机达到甚至超过学科要求标准的，学校应给予一定数量的奖金；凡取得教研成果，包括赛课、发表论文、论文获奖、科研成果，应按不同的级别给予相应的奖励；对在教育教学岗位上作出显著成绩和突出贡献的教师，应给予表彰，并授予相应的荣誉称号。积极为教师自身素质和业务水平的提高创造条件，鼓励教师在岗自学成才。同时，有计划地选派骨干教师、青年教师参加学习培训和业务进修，满足教师自我实现的需要。善于发现教师的闪光点，通过肯定其优点，鼓舞其信心，使其在获取自信、成就感的同时，改进不足，完善技能和人格。

学校成员在不同的发展阶段有不同层次的专业发展需要。学校要促进教师的专业不断得到发展，就需要了解教师的需求层次，并为教师的发展创设空间或提供平台，努力推进教师向更高的层次发展，这是学校人力资源开发的重要方向。教师的专业发展需求不断提高，意味着促进学生需求层次的提高，意味着学校发展的需求层次的提高。

制度管理，从其内容实质上讲，属于"法治"的范畴，是"他律"，具有外在的强制性，是学校管理者的意志的体现，往往与学校被管理者之间是对立的。制度管理一般把被管理者当成"物"来对待，是一种束缚人的手段，制度越是严格，越是束缚人性自由和创造力。

人本管理，从其内容实质上讲，属于"德治"的范畴，是"自律"，具有内在的自愿的特性，是学校管理者和被管理者共同意志的体现，是学校管理者和被管理者和谐的管理方式。人本管理是基于人的本性，根据人的特点，为了人的发展的管理。这种管理把突出人的地位、调动人的积极性和创造性作为管理的最终目标。

制度管理严肃认真，赏罚分明，足以立威，是学校管理的基础，是学校正常教学秩序的基本保证。无论是哈佛大学还是北京大学，还是北大附中，他们都有比较完备的制度管理体系，每当他们介绍自己的管理经验时，首先要向大家介绍他们的制度管理，这就是制度管理为什么在七种管理手段中名列第一的原因。然而它的不足也是十分明显的，世界上从来就没有一成不变的事物，如果没有权变理论与之相适应，制度管理就会走向死胡同。特别是人本管理理念和人的情感，制度管理是无法涵盖的；管理者的风格，制度管理也是无法涵盖的，而这些是任何一个成功的管理不可缺少的要素，是弥补和完善制度管理不足的重要调剂。所以制度管理必须以人本管理为前提，而人本管理则必须以制度管理为基础。人本管理注重感情投入，它可以充分调动人的积极性，发掘人的潜力，它是完成管理目标和逆境中克服挫折、增强凝聚力的重要因素。中国古代管理中所说的"恩威相济"，就是指现代管理中的制度管理与人本管理和谐统一的管理。人本管理是管理者施"恩"的过程；制度管理被看做立威的过程。制度管理与人本管理相结合则是"恩威相济"的成功的管理模式之一。

制度管理中应体现人本管理的理念和精神，人本管理中则坚持以制度管理为基础；制度管理是法律、法规结合本学校具体情况而制定的，是国家法制精神的体现，而人本管理则是合理的人性与人情的体现。二者在学校管理中应当相辅相成，互为表里。

在现代学校管理实践中，应以制度管理为主，人文管理为辅，二者长短互补、相辅相成。制度管理是国家教育方针、政策、法规在学校管理中的体现，是一种"刚性管理"，必须建立权变管理机制与之相适应。它必须与人本管理相结合、相辅相成，如果把人本管理称为"柔性管理"，制度管理和人本管理相结合则是刚柔相济，刚柔相济才能产生管理效益的最大化。

第七章　新时期的师德建设

——师德是教师的灵魂

　　加强师德建设，这是一个古老的话题，也是一个崭新的课题。师德，是一个动态性的概念，既有时间性，也有区域性，更有民族性。中华民族有历史悠久的传统师德，这些传统的师德曾经长时期地规范过历代的教师，对历史上的杰出人才产生过积极而有效的催发作用。在新的历史时期，我们的师德也应该注入时代的新内涵。只有如此，师德才能与教育的发展、与人才的培育相适应，才能使教育与我国社会主义现代化建设的需求相适应。

　　2008年8月，胡锦涛总书记在全国优秀教师代表座谈会上，明确提出"要坚持育人为本、德育为先，把立德树人作为教育的根本任务。"这一重要论述，为进一步做好新形势下的师德工作指明了方向。

　　学高为师，身正为范。教师高尚的师德，通过三尺讲台，会潜移默化地影响到一代人乃至几代人的成长。在生活中，我们常常有这样的体验：随着岁月的流逝，我们可能记不清学生时代教师讲课的具体内容，但会非常清楚地记得教师的音容笑貌、仪表形象及其品质风格，这正体现了教师人格力量的感染力。而这种人格力量的感染力正源自教师高尚的师德。

　　加强师德建设，就是让教师不仅以高深的学识去培养学生，还需要以崇高的师德形象、为人师表的榜样去教育学生，使广大学生从教师的身上看到他们对祖国教育事业的奉献精神、敬业精神和孜孜不倦的追求精神。

一、新时期师德的内涵

教师的工作对象是身心处于发展状态的学生，劳动的产品是人，教育的作用是隐形的。教师的这一职业特点，决定了教师道德的标准要比其他行业更高，教师道德的内容要比其他行业更广。因此，教师职业道德应包括思想、信仰、作风、业务等多方面的要求，内涵十分丰富。传统的师德中，能够适应和促进今天教育事业发展的师德品质还应该坚持与发扬，结合今天的教育实践还应当充实新的内涵。

（一）爱岗敬业、乐于奉献是师德的基本要求

广大教师要忠诚于人民教育事业，有强烈的职业光荣感、历史使命感和社会责任感，以培育优秀人才、发展先进文化和推进社会进步为己任，树立崇高的职业理想和坚定的职业信念，把全部精力和满腔真情献给教育事业，爱岗敬业，忠于职守，乐于奉献，自觉地履行教书育人的神圣职责，努力成为为人民服务的践履笃行的典范。

（二）热爱学生、教书育人是师德的核心

人，是教育的核心和精髓，是教育的起点，也是教育的归宿。我国近代教育家夏丏尊说："教育之没有情感，没有爱，如同池塘没有水一样。没有水，就不成其池塘，没有爱就没有教育。"热爱学生，要关爱每一名学生，关心每一名学生的成长进步，循循善诱，诲人不倦，以真情、真心、真诚教育和影响学生，建立民主平等、亲密的师生关系，努力成为学生的良师益友，成为学生品德形成的引导者、心灵发展的疏导者、生活选择的参谋者、学生成长的指导者。教师对学生的爱，是师德的核心。教师对学生的爱，是一种只讲付出不计回报、无私的、广泛的且没有血缘关系的爱。这种爱是神圣的，是教师教育学生的感情基础。学生一旦体会到这种感情，就会"亲其师"，从而"信其道"，也正是在这个过程中，教育实现了其根本的功能。

在新形势下，教师作为人类灵魂的工程师，要树立·新的教育观念，

既教书又育人，在教学创新和不断进取中把自己的毕生精力奉献给党的教育事业。

（三）更新观念、努力创新是师德的新发展

党的十六大报告指出："创新是一个民族进步的灵魂，是一个国家兴旺发达的不竭动力。"教师从事的是创造性工作。教师富有创新精神，才能培养出创新人才。传统意义的传道、授业、解惑是对为师者业务职能的概括，今天教师的角色正在发生变化，从"传道"者转向学习知识的引路人，从"解惑"者转向发现问题的启发人，从"授业"者转向解决问题的参与人。广大教师要更新观念，踊跃投身教育创新实践，积极探索教育教学规律，更新教育观念，改革教学内容、方法、手段，注重培育学生的主动精神，鼓励学生的创造性思维，引导学生在发掘兴趣和潜能的基础上全面发展，努力培养适应社会主义现代化建设需要、具有创新精神和实践能力的一代新人。

（四）以身作则、为人师表是师德的人格力量

俄国的车尔尼雪夫斯基指出："要把学生造就成一种什么人，自己就应当是什么人。"教师工作有强烈的典范性，为人师表是教师的美德。俄国教育家乌申斯基说过："教师个人的范例，对青年个人心灵"的影响，是"任何教科书、任何道德宣言、任何奖惩和奖励制度都不能代替的一种教育力量"。加里宁也曾指出，教师的世界观、品行、生活以及他对每一现象的态度都这样那样地影响全体学生。青少年具有模仿性强、可塑性大的特点，教师要严于律己，以身作则，言传身教，为人师表，要以自己高尚的人格魅力去带动和感染学生，引导学生认认真真学习、踏踏实实做事，堂堂正正做人。

（五）终身学习、不断进取是师德的升华

教师是知识的重要传播者和创造者。前苏联教育家苏霍姆林斯基说过："教师的知识越精湛，视野越宽广，各方面的科学知识越宽厚，

他就在更大程度上不仅是一名教师，而且是一位教育者。"在当今时代知识层出不穷的条件下，要成为合格教育者，就必须不断学习、不断充实自己。广大教师要崇尚科学精神，树立终身学习理念，如饥似渴地学习新知识、新技能、新技术，拓宽知识视野，更新知识结构，不断提高教学质量和教书育人本领。要养成求真务实、勇于创新和严谨自律的治学态度和学术精神，模范遵守学术道德规范，努力发扬优良学风，潜心钻研，实事求是，严谨笃学，成为热爱学习、终身学习和锐意创新的楷模。

二、加深对师德的正确理解

（一）教师应怎样理解师德

首先，新时期的师德应表现为一种对社会强烈的使命感和责任感，就是为建设社会的物质财富和精神财富奉献自己取之于社会的文化财富和精神财富。这种使命和责任着眼于对全体学生的培养，着眼于学生德、智、体、美等多方面全面发展。

其次，新时期的师德应体现时代赋予教师的时代特征。不仅体现在教师自我较高的科学文化素养和道德修为上，还包括先进的社会观、教育观、教学观、师生关系观。

再次，新时期虽为师德加入了新的内涵，还应认识到师德也表现为一种文化传统、道德传统，教师的形象有历史赋予的光环。率先垂范、为人师表、有学问等素质便是历史赋予师德形象的必要因素。子曰："躬自厚而薄责于人"、"以身立教、为人师表"，又曰："其身正，不令而行；其身不正，虽令不从。"教师的工作是培养人的工作，而最能起到深远影响的是教师的人格因素。有人将教师喻为学生人生的引路人，是十分有道理的。

最后，教师还应认识到教师本身在时代的社会价值，不宜妄自菲薄。"教师是人类灵魂的工程师。""教师是太阳底下最光辉的职业。"

因此，作为教师要看重自我，懂得自重。陶行知先生说："要人敬的，必先自敬，重师首在师之自重。"

（二）社会应怎样理解师德

首先，教师是一种社会人。教师作为一种职业，它就具有一般普通人从业的特点，教师不是不食人间烟火的神。在社会上，人们特别是家长及教育行政的领导们，要清楚地认识到教师首先是普通人，然后才是从事教育行业的教师。

其次，教师作为一种职业，与其他职业一样，有着本行业的特点，人们应尊重行业的特点，应尊重学校那样的育人圣地。教师在社会上是一种具有双层人格形象的群体，在学校是教师，他们这时具有教师的一面，他们应为人师表，恪尽教师的本职，这是他们应尽的职责；走出校园，出没于大街小巷、流连在集市、拥挤在公共汽车里等等的时候，他们是社会的普通一员，必须允许他们做社会的普通一员，这是他们应有的权利。

第三，教育行业肩负着与其他行业所不同的责任，教师是传承文明的载体，是培养下一代的园丁，他们的从业行为理应受到社会的监督；从事教育事业的人，理应挑选社会的精英，对于无师德不适宜从事教育工作的人，理所当然要从本行业清除出去；对社会如此重要的行业理应受到相应的物质和精神上的待遇。

（三）对师德的错误认识

1. 教师本身对师德的错误认识。

一种认识，认为自己是教师，不是一般的普通人，他们自诩清高，盲目尊大，最终走向孤独，他们将像隐居山林的"隐者"在不被理解的挫折中倒下，谈不上树立师德形象。另一种认识，无论在从事职业还是非从事职业时，都将自己划为普通人一类，只不过是上完自己那堂课了事，他们不注意教师形象，只认为教师也是一般的人，这种人完全丧失了师德。还有一种认识，自己是教师要处处谨小慎微，在保持自己形象的同时筋疲力尽，最后，认为自己得不偿失而最终丧失师德形象。还有的自以为是知识分子，人民教师，理应得到最好的待遇，没有认识到自己首先是社会人，在没得到自己期望的待遇后自暴自弃，丧失师德。这些都应为教师引以为戒。

2. 社会对师德的错误认识。

教师理应思想好、行为端、知书达理、对人礼让三厢、谦和恭顺；教师的言行举止，无论何时何地都应是社会的表率和楷模。他们在与教师有争执时，他们可说粗鄙话但教师不行，他们动辄说："还说是当老师的。"

三、新时期搞好师德建设的必要性

在中小学教师队伍中，绝大部分教师的职业道德是好的。他们几十年如一日，热爱学生，忠于职守，勤勤恳恳，辛勤耕耘，为培养祖国的下一代而呕心沥血。但是，不可避讳，在现实生活中确实有一些教师道德意识淡薄，思想行为严重地偏离了师德的原则和规范，如果不及时进行教育，将会给教育事业带来严重的损失。

（一）"人在曹营心在汉"——缺乏事业心

前几年，社会上掀起了一股"经商"、"下海"热，一些意志薄弱又有门路的教师纷纷效法，"跳槽"下海了，这是教师队伍的显性流失。但是更让人担忧的是"隐性流失"。在调查中了解到，有些教师"人在曹营心在汉"，他们捧的是教师的铁饭碗，打的是个人的小算盘；八小时内养精蓄锐，八小时外满头大汗。有这样一位外语高级教师，一星期四个晚上在外兼课，搞得筋疲力尽，而对所任学科却不备课，不批作业，不辅导，甚至连考试卷也不批改，只把标准答案往墙上一贴，还美其名曰，学生自己纠正错误，学生和家长意见很大。

（二）"做一天和尚撞一天钟"——缺乏进取心

俗话说："给学生一碗水，教师需要一桶水。"这就要求教师有教到老、学到老的精神，要认真学习有关的教育文件，教育教学理论，有意识地获取教改新信息，不断更新知识，努力提高教育、教学水平。但有的教师，自从跨进了教师队伍以后就好比进了保险箱，不思学习，不求进修，做一天和尚撞一天钟。例如有的教师除了教材和教学参考书外，从来不关注教育方面的报纸和杂志，几年来，没有买过一本教育方面的书籍，也不看有关少年儿童的电视片，知识贫乏，观念陈旧，教法呆板；站在三尺讲台上，凭"教参"念经，缺乏进取心，缺乏成就感，严重影响教育质量。

（三）对待后进生冷漠无情——缺乏爱心

学生是教师的工作、服务对象，热爱每一个学生、教好每一个学生是教师的天职，也是教师职业道德的基本要求。但是在日常教育工作中，有的教师偏爱尖子生，冷漠中下生，歧视后进生的现象十分严重；特别在片面追求升学率的影响下，有的教师认为后进生影响了班级的名次，丢了教师的面子，不是从正面加以教育和耐心辅导，而是对他们放任自流，冷漠忽视，有的甚至采用讽刺挖苦、心理施暴和体罚、变相体罚的方法，严重影响了学生的身心健康。诚然，后进生给教师的教学带来了许多困难，转变后进生也不是一朝一夕的事，而需要教师付出更多的爱心和精力，但这些学生也是家庭的希望、祖国的花朵，更需要阳光和雨露。

（四）经不起金钱诱惑——物欲熏心

有的教师由于受社会上金钱至上、权钱交换等不正之风的影响，人生观、价值观发生了偏差，以教谋私，以校谋私。例如有的教师拜倒在"孔方兄"脚下，利用教师这个崇高的职业，挖空心思赚学生的钱。有的甚至故意把课内的教学任务，留到课外，来吸引学生参加家教；更有甚者，任意泄露考试的内容，以博取家长、学生的欢心；还有个别教师利用学校的课间餐和午餐，以次充好赚昧心钱。

（五）师表意识淡薄——形象扭曲

叶圣陶先生1983年给全国"五讲四美，为人师表"先进代表大会的题词中指出："教育工作者的全部工作就是为人师表。"但是有些教师师表意识淡薄，自尊自爱精神缺乏。如有的教师仪表不整，举止粗俗，言语脏污，甚至在社会上参与赌博；有的教师"文人相轻"，"同行相斥"，在学生面前有意无意地贬损其他教师；还有个别教师自由主义思想泛滥，在三尺讲台上任意发泄不满情绪等等。

四、新时期师德建设的途径

教师道德修养不仅是一个理论问题，而且也是实践的问题。要使教师道德原则和规范成为教师行为的准则，必须依靠自己长期不懈的努力，自觉地进行修养和锻炼。因此，掌握正确的师德修养的途径和方法是重要的，也是十分必要的。

参加社会实践，投身教育教学工作中，坚持理论与实践相结合的原则，是教师道德修养的根本途径。积极地进行道德修养，在外界客观因素的影响下，更主要的是通过自身不懈的努力，日积月累，经过长期的锻炼，就能够成为具有良好道德修养的教师。

（一）努力学习，提高师德理论修养

教师道德理论是教师进行职业道德修养的指导思想，掌握了它才能辨别善恶、是非，才能在自己思想领域里战胜那些错误的、落后的道德观念。只有在道德修养中以教师道德的先进典型作为自己思想行为的楷模，鼓励自己，在思想意识中凝聚着教师道德原则和规范，常以崇高的道德品质作为自己行为的目标，才能使自己的道德修养不会迷失方向，才能使自己成为一个有较高教师道德修养的人民教师。

1. 学习教师道德理论，主要是个人自学和教育部门组织的教师道德学习。个人自学不受时间、地点限制，有一定的自我支配的灵活性、机动性，但由于受教师个人理论水平、理想觉悟和自我控制能力的影响,有时达不到预期的目的。教育部门,包括学校组织的教师道德学习,是一种有组织、有计划的教师道德教育,它克服了自学中的不利因素。树立教师道德的理想人格,就是要确立人民教师道德的理想。

2. 学习先进教师的优秀道德品质。因为先进教师存在于社会之中,生活在教师队伍里的活生生的人,它能够以直观形式启发教育和感染教师,进而影响教师的思想和行为,监督和促使他们以先进人物为榜样,取长补短,提高道德修养水平。学习先进教师的优秀品质,主要有两个途径:一是多读教育界名人的传记和模范教师的先进事迹。这些名人身上都具有优秀的道德品质,体现着高尚的道德情操,多接触他们,以便受到感染和鼓舞,使自己的行为趋于道德原则和规范的要求。二是学习身边的模范教师,他们生活在自己身边,看得见、摸得着,影响更直接、更深刻、更快捷。

2012年5月8日,黑龙江省佳木斯市第十九中学的教师张丽莉在失控的汽车冲向学生时,一把推开了两个学生,自己却被车轮碾轧,造成全身多处骨折,双腿高位截肢。

一名平凡的女教师,在危机到来时,挺身而出,用自己的羽翼保护了自己的学生,然而却牺牲了自己宝贵的双腿。一名平凡的女教师,在得知班上有困难家庭时,便开始不分寒暑地默默资助,哪怕自己只拿着每月千元的底层工资。一名平凡的女教师,入校仅仅5年间,便获得"最受学生喜爱的教师"、"青年骨干教师"等多种奖项,虽然没有教师编制,却从未消极工作过。正是因为丽莉老师身上绽放的师德光芒,才使她成为不平凡的"最美女教师"。

师德是每一名教师都应自觉遵守的职业道德,然而很多教师在浮躁气日盛的社会中渐渐迷失,丢掉了自身本应具备的职业操守。丽莉老师却并未为浮躁气所沾染,秉着"学高为师,身正为范"的崇高师德教书育人。作为班主任的她将生活重心完全放在学校,平日里起早贪黑，甚至连饭菜也会让给没来得及吃饭的学生们。她几年如一日，兢兢业业，从教 5 年只请过两次假——一次是婚假，一次是流产。正是丽莉老师这种以学校为家，先大家后小家的高尚情怀让师德的精髓流淌在这位"最美女教师"的血液中。

张丽莉关键时刻的一推，并非破空而来的神迹，平日里，她就是一位敬业而慈爱的良师。她没有豪言壮语，但每天都在给学生传送温暖，为学生付出了智慧、心血和金钱。在学生眼中她是完美的，学生张佳岩说，"张老师会和我们讨论明星、流行歌曲。我们放学后都喜欢挎着她的胳膊走路，她像极了我们的大姐姐，所以我们都管她叫'丽莉姐'，我有时候有压力，不会和父母说，但一定会和她说。""有天下雨天气很冷，她把自己的衣服脱下来给孩子穿上，然后又细心地给孩子们烧上一壶热水。怕壶内落上粉笔灰，她还用毛巾将壶盖上。每到快下课的时候，总是孩子在学习，而她会替学生在教室里打扫卫生。"

张丽莉是班主任，她把班里 53 名学生都看成自己的孩子。没做过母亲的她，却把"母亲"这个角色诠释得最美。"听说这事后，这几天我一直没睡好觉。"学生家长赵亚波说，丈夫去世后，身体不好的她和儿子相依为命，"张老师得知情况后，每个月都给孩子 100 元钱，从初一开始到现在已经 3 年了，寒暑假也没落过。"

丽莉老师长期资助班上的贫困学生，平日里与学生们亦师亦友。工作中，她所带班级的成绩一直名列前茅；私下里，她和她的学生们像是亲密无间的一家人，学生们亲热地叫她"丽莉姐"，这样的关系甚至让最好的朋友都有些"嫉妒"。同一个办公室，教师节她收到的礼物最多，小礼物、小食品每次都能在办公桌上堆成小山。这日常的点滴生活，每一件都透露出丽莉老师对学生们的爱。作为一名人民教师，师爱为魂，正是在无数点滴小事积淀的无微不至的关怀与爱，使平凡的张丽莉化身成万人称颂的英雄楷模。

正是因为心中有爱，到了生死瞬间则是拼命地庇护。张丽莉以实际行动诠释了"师德"的内涵，她娇弱的身躯为学生提供了坚强厚实的保护，她那强有力的一推，蕴含着教师的大情大爱。

虽然社会中浮躁气日盛，但还是有更多像"丽莉老师"一样的教师坚持顺应社会主流，言传身教，将教书育人这一伟大的事业用高尚的道德情操去诠释。她用自己的热血完美地诠释了"师德"二字的千钧之重和崇高伟大。生命，在这一刻变得无价。爱，点亮了一切。大美大爱，在张丽莉身上绽放出了耀眼的光芒。

（二）以人为本，尊重和理解教师，关心教师的成长

高尚的师德是在长期的教育实践中锤炼而成的，但是教育实践不能离开以人为本。刚步入学校的年轻教师，要求他们一定要热爱教师工作，一定要具备崇高的道德思想境界是不现实的，只有经过较长的教育、引导与教学实践，教师才能体会到教育的乐趣与成就。所以学校中首先要通过文件、制度、规定等多种形式和途径，形成师德教育的舆论导向，使所有教师达成思想共识，形成共同的努力目标。其次是开展丰富的校园文化活动，通过师生的共同参与，增强教师的责任感与使命感，培养学校教师的团队精神，同时通过活动促进教师不断加强自身修养，来巩固自己在学生心目中的地位，使教师真正体会到教育工作的意义和价值。

在教育的同时，我们还应给予教师更多的人文关怀。首先要培养心理健康、人格健全的教师，及时发现教师的不良倾向，对于教师的某些客观上的失德行为，我们应该对这部分教师给予更多的心理辅导和指引，这样才能有效地解决问题。其次，对于困难的家庭，有关部门要采取统一措施，给予支持，学生有贫困，教师群体中同样有"贫困"。再者，学校改革是一个必然趋势，但任何改革的目的都是为了发展。教育发展依赖于教师队伍专业化水平的提高，教育内部的改革应

以激励教师专业化发展为目的，以学校一线教师的建议与要求为导向，要切实克服目前不同程度地存在的改革以教师为敌的偏向，进一步舒缓教师的压力，引导教师提高对改革的认可程度和参与改革的主动性、积极性，令教师在改革中获得愉悦、获得成功、获得发展。

（三）禁止体罚和变相体罚、以罚代教

体罚与变相体罚，不是教育，相反是教育无能的表现。孩子学习不好，不是帮助他认识，帮助他改正，动辄打骂或干吼，孩子得不到应有的指教，而是一味地指责或批评，只会让孩子更痛苦，甚至产生逆反心理。学生不认真听课，老师把学生赶出教室，不让他听课，免得影响课堂，影响其他同学学习。乍看起来，老师做得对，但考虑过会有意想不到的后果吗？学生离开教室，脱离了老师的视线，姑且不说将学生罚出教室是否剥夺了学生受教育的权利，万一他在外面弄出其他的纰漏，或影响其他班级的学生学习，作为老师，难道没有责任吗？

学生违反校纪、班规，在班上吃零食，罚他交款充当班费，或罚他买零食让全班同学分享；学生在学校打牌，罚他买来更多的牌，等等。干什么？经济制裁？家长花钱把孩子送到学校，指望孩子好好学习，但孩子不懂事，偏不听话，而且还违反校纪、班规，家长没有错呀，但老师却把责任一股脑儿地推到家长身上，还要处分家长再出钱，谁叫你养的孩子不争气？这难道就是教育？难道老师就没有教育责任吗？又承担了多少？孩子打牌，罚他买牌；孩子吸烟，罚他买烟；孩子杀人，难不成还要奖励他再杀人？

（四）禁止有偿家教

有偿家教是指少数教师利用节假日、休息时间对有补课或课外辅导需求的学生提供有偿服务的活动或行为。包括教师本人从事有偿家教；教师之间相互介绍学生为对方提供有偿家教生源；利用所教学科的不同，组成班子，在家里或在外租用教室进行集体家教；为社会上的家教介绍有偿家教生源并从中获利，在社会上有偿的家教学校兼课等。

教师从事有偿家教，一是异化了原本纯洁的师生关系。钱对所有人都是好东西，对老师也不能除外，但君子爱财要取之有道。对于某些任课老师的课外有偿补课行为不能放纵，主要原因就是会导致一些老师滥用权力，通过运用手中的权力和资源，诱导对方接受，是一种不平等的交易，甚至于在课堂上有所保留，留到课后的补课中去讲，肥了"自家地"，荒了"责任田"。这些都是因为"有偿"而滋生出来的腐败现象，损害了学生的自主选择权和家长的利益，也伤害了部分学生的自主学习积极性。二是使师生之间的教学关系蜕变为金钱关系。这些教师在获取个人利益的同时，会渐渐淡薄对本职工作的责任，渐渐失去师生互动中纯净的情感。三是有偿家教贻误了教师自身的发展，损害了自身的身心健康。时代在发展，教师要跟上时代的要求就要不断学习，不断更新自己的知识。如果老师进行有偿家教就没有时间学习。有的老师甚至连正常的培训也不能按时参加，何谈提高自己。再者老师在学校的工作负担本身就不轻，好不容易有一点休息时间却又要搞家教，严重影响了老师的身心健康，难怪有的老师上班无精打采。四是存在极大的安全隐患。有的教师就在自己家中的杂屋里搞有偿家教，空间小，学生多，不利于学生的健康。学生在参加有偿家教途中的安全也令人担忧，尤其是晚上女生的安全更令人放心不下。进行有偿家教也可能造成有的男教师利用学生参加有偿家教的机会猥亵女生等等。

五、建立健全评价、监管并重的师德建设长效机制

教师职业道德规范的具体落实是一个复杂的过程，尤其是在市场经济条件下，人们的价值观趋于多元化、复杂化。因此，建立健全评价、监管并重的师德建设长效机制十分迫切和必要。

1. 要做到师德评价有章可循，制定明确的教师职业道德标准，让教师知道自己的权利和义务，了解职业目标，并以此约束自己的行为。

值得注意的是在制定师德标准时要广泛征求广大师生的意见，可在学生中开展"我心目中的好老师"征文，在教师中开展"做学生喜欢的老师"大讨论，在此基础上，结合教育方针政策和教育发展规律，逐步对学校教师职业道德提出具体明确的要求，统一标准，逐步达到师德评价有依据。

2. 要确保师德评价的明确具体、统一准确、容易操作。一方面师德评价应将师德要求具体化，使之易于操作；另一方面要统一标准，对每个教师的师德要求不能因人而异、因事而异，要统一标准，各有关部门之间也要整合师德评价规则，完善分工合作，形成内在的有机联系整体。

3. 在师德评价过程中要创新机制，严格考核。完善的评价体系必须通过良好的机制来运行，激励机制是加强师德建设的重要手段。一是应当设立国家级、省级、校级奖项，对在教书育人、师德修养等方面的优秀典型进行表彰奖励，使该奖项与同级教学科研奖励享受同等待遇。二是采取个人自评、群众测评、考核工作领导小组评定结合，过程考核和终端考核结合的方法，增强考核过程的透明度和考核工作的科学性，力求做到公平、公正。三是公布考核结果，奖优罚劣。对师德考核为优秀的教师应给予必要的物质和精神奖励，对于师德差又不改正或严重违反职业道德的教师，同业务水平低的教师一样，实行淘汰待岗或转岗调离，以促进师德整体水平的提高。

总之，抓师德教育就是希望每一位教师和教育工作者都能以德修身，以德执教，以德育人，模范遵守教师职业道德规范，牢记"爱与责任"这一崇高使命，形成热爱教育、献身教育的崇高职业理想和热爱学生、诲人不倦的道德情操，静下心来教书，潜下心来育人，志存高远，爱岗敬业；用高尚的师德，高超的师能，去培养每一名学生走向一个又一个的成功！

第八章　促进教师发展

——办好学校，教师是第一资源

教师是一个需要不断积累经验的职业。几千年来，经验与知识几乎成了传统教师获得社会地位的主因。经验可以让一名教师逐渐成熟，应对大部分教育教学中的问题。教师成长的经典模式是"经验＋反思"。但随着信息时代的到来，教师成长模式应是另一种状况，即"学习＋反思"。教师必须依靠不断发展来成就自己。发展意味着自己不断更新知识，不断挑战自我，不断适应新的情况。今天，学生情况的变化已大大超过了教师们的想象，教师只有比学生更有变革力才能胜任教师这一工作。经验在教师的发展中依然有效，但经验已不是一套陈式，而是面对"在教育发展过程中发生预期的或非预期的千变万化中能够生存下去的能力"。

教师是通过发展来实现自我价值的。教师的理想、信念、智慧、才干、价值、活力……都体现在教师的发展之中。教师的发展与学生的发展是一个硬币的两个面，单向度地谈学生的发展而没有教师的发展几乎是不可能的。所谓"教学相长"并不难理解：教与学是相互促进、共同发展的。教师的发展主要是指教师的专业发展，教师的发展是伴随着教师理念的提升、实践水平的提高而发展的。陶行知教育思想的形成也是有一个发展过程的，他从研究王阳明的学说"信仰知行合一的道理"开始，到杜威的"教育即生活"，再到后来的"行是知之始，知是行之成"，奠定了真正属于陶行知自己的"生活教育"理论。李吉林老师的成长是同她对"情境教学"的探索分不开的，从"情境教学"到"情境教育"，再到"情境课程"，一步步把自己推上了名师之路。教师职业有自己的理想追求，有自身的理论武装，有自觉的职业规范和高度成熟的技能技巧，具有不可替代的独立特征。教师职业的专门化既是一种认识，更是一个奋斗过程，既是一种职业资格的认定，更是一个终身学习、不断更新的自觉追求。

一、树立"教师是第一资源"的教师观

教师不仅是知识的传递者，而且是道德的引导者，思想的启迪者，心灵世界的开拓者，情感、意志、信念的塑造者；教师不仅需要知道传授什么知识，而且需要知道怎样传授知识，知道针对不同的学生采取不同的教学策略。要办好一所学校，每位校长就必须树立"教师是第一资源"的理念，充分认识到"强校必须强教师"，只有好的教师才能培养出好的学生，也才能办好人民满意的学校。

"教师是第一资源"是教师职业属性特征的本质要求。教师应当为人师表，成为学生健康成长的指导者和引路人。教师对于学生来说，应当成为精神生活极其丰富的榜样，只有在这样的条件下，教师才有道德上的权利来教育学生，才能承担起教育学生的职责，真正做到"行为世范"。一个拥有良好品格的教师，就会以心灵塑造心灵，用人格塑造人格，把热情和乐观的进取精神、好学多思的良好作风，正直诚实的高贵品质传授给学生。

"教师是第一资源"也是学校共同价值目标实现的必然要求。一所好的学校一定有共同的价值追求，应当成为一个"道德共同体"或"价值共同体"，有效的学校领导者应当将学校的共同愿景转化为全体教师的内在要求，动员全体教师来实现这一"共同理想"。一位优秀的校长，需要引领和动员教师为学校和自己的理想、追求付出自己的青春、智慧，需要教师们的理解、接受和执行。

"教师是第一资源"也是教育发展规律的客观要求。教育规律是教育内部诸要素之间，教育与其他事物之间内在的、本质的、必然的联系，以及教育发展变化的必然趋势。教育规律是客观的，但它是可以

认识和利用的。国务委员刘延东也强调指出要"按教育规律管教育办教育",就一所学校而言,校长要按教育规律管学校、办学校,教师要按教育规律"管学生"、"育学生"。教师是认识规律和利用规律的主体,只有教师"掌握"规律,才能"教好学生"。因此,坚持"育人为本"首先要坚持"教师为本",保证"提高教育质量"核心任务不动摇,必须坚定"教师是第一资源"的信念,精心打造高素质的教师队伍。

"第一资源"的教师观,呈现出一所学校共同的价值观,即教职工共同的价值追求。一所学校的价值观就是这所学校认为什么最有价值,就是这所学校提倡什么,反对什么。面对新的教育形势,要推进教育科学发展,提高教育质量,学校必须树立教师第一资源意识,全力落实教师第一资源观。有好的教师,才有好的教育,才能办出好的学校,因此,校长要实施教师强校战略,牢固确立"教师是第一资源"的理念,健全教师激励保障机制,着力提高教师整体素质和业务水平,努力造就一支师德高尚、业务精湛、结构合理的高素质专业化教师队伍。

二、影响教师专业发展的主要因素

教师的成长与专业发展,不能仅仅把注意力集中在教师个人身上,还必须看到社会文化、国家政策、学校领导与文化等方面的强势影响。我们可以从外部因素和教师本人的内部因素两个方面来分析影响教师专业发展的主要因素。

(一) 社会因素

1. 社会舆论定位

教师专业发展的积极性在很大程度上依赖于社会的舆论定位。尊师重教的舆论氛围使教师地位日渐提高,成为推动教师专业发展的有利因素。教师的社会地位,直接影响教师的工作积极性与工作能力的发挥。因此,提高教师地位要具体地体现在教师工资等细节问题上,只有教师工资提高了,社会舆论对于教师的评价才会随之提高,教师专业发展才会由理想变为现实。

2. 教育政策

教育政策对教师成长的影响是多方面的。在教育内部，来自教学行政和教研部门对教师教学形式和教学方法的使用有过多干预的情况。而教师的专业成长需要具有较大的专业自主性。教育政策对教师成长有着负面影响。当今的教师评价制度，对教师的成长产生了极大的影响。因此，制定并执行科学的教师评价制度是时势所需。

3. 家人的支持程度

家庭是个人发展的"小气候"，教师的专业发展离不开家庭的支持。在我国，教师仍是一个清贫的行业，此时更需要家人的支持，倘若家人动辄埋怨，教师的专业发展是保证不了的。

（二）学校因素

1. 学校的组织文化

学校的组织文化作为一种教育环境，它不仅影响着学生的成长，还直接制约教师的发展。学校的组织文化包含着物质文化、制度文化和观念文化三个层面的内容。学校组织的物质文化，是教师专业活动的基础条件。学校组织的制度文化直接影响着教师教学经验的总结与积累，教师教学习惯与特色的形成，以及教师的精神面貌与职业情绪。学校组织的观念文化集中体现为学校的教育价值观念，它们无形却又无处不在，包括什么样的班级是一个好班级，怎样的教师是一个好教师，什么样的教学是好教学等。其中对教师影响最大的是校风和学风。校风从价值观念和倾向上影响教师的发展；学风从专业水平和敬业精神上培育教师的成长。

2. 教研组（年级组）

教研组（年级组）是教师行为的近身环境，是教师经常性活动的专业生活小区。教师在这里交往、备课、批改作业、讨论问题、传递信息、交流思想。教研组里体现着教师直接的人际关系，也是教师专业活动中的微观心理环境，它往往决定着教师工作的情绪与心境。教师的专业发展水平与教研组和年级组其他成员的发展水平密切相关。

3. 校长

校长对教师的成长的影响也是多方面的。一个优秀的校长对教师专业成长的影响是全方位的。校长的知人善任对于教师的专业发展尤为重要。

（三）个人因素

1. 教学反思

教学反思，是指教师借助行动研究不断探讨和解决教学目的、教学工具和自身方面的问题，不断提升教学实践的合理性，是新手教师转变为专家型教师的一种方式和途径。作为教师应当结束长期以来的消极被动的教书匠形象，代之以积极主动的新形象，不断地进行教学反思。教师在具体的教育活动中发现问题，结合实际情况寻求解决问题的可能方式与途径，并予以验证，这会极大地加速教师发展的进程。

2. 教师工作中的需要、动机和态度

需要是一种主观状态，是个体在生存过程中对既缺乏又渴望得到的事物的一种心理反应活动。满足教师的工作是不能忽视教师的环境和条件的，教师在工作中能实现自我的人生价值，教师需要的满足程度就高，教师专业发展的步伐就大。

动机，即推动人们行动的力量。它是人们的愿望、兴趣、理想表现出来的激励人们活动的主观因素。在教师专业发展中，教师面临着学生、领导、家长、同事四者的评价。教师把学生的评价放在第一位，即树立学生本位价值观，是真正推动教师专业发展最为稳定的的动机。

态度，是对具体的对象或主张的肯定或否定的情感反应。态度的成分包括价值和观念，以及程度不同的事实知识，也包括认知、行为、情感方面的因素。教师对工作"知之深，爱之切，意之坚"的态度能够有力促进教师的专业发展。

3. 教师的专业发展自主意识和自我专业发展能力

教师的学习能力与教师的专业成长成正比，但教师的自我发展提高的意识更加重要，意识决定行动，行动决定效果。

就个人而言，对于个人专业发展与成长影响较大的因素主要来自学校及个人因素。

三、用制度来推动教师发展

有人曾把教师发展比做一列正在行驶的列车，车身由"学科知识、专业知识与能力、个人因素"等几个因素构成，路基是"教育教学实践"，车身周围的气流是指"成长环境"。"学校制度"是"成长环境"中的一个重要部分。一个好的制度的建立可以保证学校各项工作的正常进行，并能让教师在一个公平、科学、和谐的环境中愉快地教学；好的制度的建立，还可以最大限度地发挥人的主观能动性，为有理想、有抱负、有才智的人的发展提供强大的动力。好的制度的建立可以形成一个和谐的人文环境。在这样的环境中，教师们不但能愉快地教学，同样也能尽情地享受生活。

任何制度都有一定的规范性或强制性，学校制度也一样。这样的规范性在教师的发展中是很需要的，如教师合作机制、教学研究制度、反思制度、读书制度，等等。制度本质是一种文化，一旦这样的教师发展制度成为教师们的一种习惯，一种自觉行为，它的力量就会体现出来。

在教师发展的制度建设中，要处理好"园丁工程"与"名师工程"的问题。在二者的关系上，我们应首先致力于"园丁工程"，因为教育是一个系统工程，凭个别"精英"是不能发展学校的。这当然是问题的一个方面。当教师队伍建设发展到一定阶段，也确实需要有这样一个机制能让优秀的教师脱颖而出，并利用待遇、感情、职业前途等因素，让这部分优秀的教师能安心、舒心地工作。这就是我们所讲的"名师工程"，这也是教师队伍建设发展到一定阶段的产物。有广泛基础的名师才能真正带动教师的整体发展。

四、校长要当好教师专业成长的设计师

1. 教师专业成长是指教师的专业从不成熟到相对成熟的发展过程，也就是其专业结构不断更新、演进和丰富的过程。概括一点讲教师的专业成长就是指教师在其职业生涯中，基于个体体验，依照职业发展规律，不断提升、改造自我，以顺应职业发展需要的过程。作为校长，首先应该当好教师专业成长的设计师，要把握教师专业成长的特点，要围绕"促进教师什么专业成长"、"怎样促进教师专业成长"设计好教师专业成长之路。作为校长，就应根据这些实际情况来确立办学理念、发展规划、工作目标等。这样决策才会有的放矢，才能行之有效。

2. 决策要有"宏观"和"微观"特点。校长在设计教师专业成长的目标、策略时，既要从"大处"着眼，又要从"小处"入手；既考虑到"教师整体"，又不忽视"教师个性"。规划目标的时候，既有长期目标，也有短期目标；既要看到"长远"的希望，又要捕捉"立竿见影"的效果。作为校长，在宏观方面，首先是要能合理调整学校发展规划，营造积极向上的学习、竞争氛围，为教师的专业成长提供强有力的制度保障。如在教师培训上给予经费保障，解决教师学习的后顾之忧，对专业提升快、教学业绩显著的教师给予优先晋升职称等政策倾斜。在微观方面，要突出教师的个性特征，充分发挥教师自我成长的个性。给教师个性成长一个宽广的空间，鼓励教师对自己各个时期的目标作出合理的预想。学校可相应制作"教师个人成长档案袋"，对教师的专业成长进行跟踪观察。这样就能显示教师的进步或退步，又能较好地唤起教师的主体意识，最终促进教师的良性发展。

五、抓关键要素

通过"追寻名师成长的轨迹"，我们发现，关键事件、关键人物、关键书籍、关键因素和关键时期，是教师发展的 5 个关键要素。

给教师创造关键事件：不同学段、不同课型、不同年龄段教师的课堂大赛，轮番进行；课堂大赛和教育科研成了教师发展的关键事件。学校还有许多出其不意的奖励。

给教师创设关键人物：定期邀请教研员到校指导；开展校长与教师"周二课程对话"活动；搭建平台，让老师与专家、名师面对面，带动和引领老师不断前行。

给教师配备关键书籍：对于每年一本的关键书籍，学校通过考试衡量是否读透，考试成绩纳入教师发展学分。学校还规定：所有老师都有为图书馆配书的权利，看好的书都可以买，读后写个推荐，然后报销。

把握关键因素，就是让老师根据自身特色，做个性化的定位。

把握关键时期，就是让入职教师抓住入职的 5 到 8 年、青年教师抓住教学风格即将形成、成熟教师抓住尚未进入倦怠状态的关键时期，通过建立若干教师发展共同体，促使教师不断超越自我。

六、把握教师成长的几个阶段

寻找教师发展的捷径，帮助教师成长，需要从教师的"最近发展区"中寻找出路，不断"开辟新战场"。教师成长可以概括为六个阶段，即：适应期、熟练期、风格期、骨干期、学术期和理想期。学校要帮助教师把握每一个阶段的成长特点，使教师走上一条可持续发展之路。

第一阶段为适应期，时间一到三年。新任教师对学校、学生和职业充满新奇，有强烈的进取心和积极性，发展迅速，成长曲线呈直线上升。

适应期是教师成长的关键时期。一个教师最终发展到什么层次，很大程度取决于适应期的发展状况。如果适应期内，教师不能完全适应教育工作，随着激情的消减、倦怠的滋生，发展后劲会越来越小。相反，如果教师在适应期内很快找到感觉、找准路子、建立信心，后面的路则越走越宽。

对策：学校必须高度重视适应期内教师的表现和感受。首先要保护教师的积极性，对挫折和失败不要一棍子打死，切忌过早下结论；其次要引导教师专业发展，让他们明确方向、建立信心；第三要帮助教师战胜困难，要把锦上添花和雪中送炭结合起来。

第二阶段为熟练期。经过适应期的锤炼，教师逐渐成熟起来，能够较为轻松地驾驭课堂、把握教材、管理学生、解决问题。

这是教师成长过程的第一个危险期。进入熟练期后，一些适应期内成长较快的教师，伴随领导和同事的夸奖，容易产生满足感，甚至滋生骄傲情绪。这一阶段教师发展速度明显降低，徘徊不前，教师成长曲线呈水平状。熟练期的时间长短因人而异，有的教师一两年就能够走出低谷，有的教师则一辈子停留在这一阶段。

对策：学校应密切关注参加工作四五年的教师，不要被"成熟"的表象所迷惑，不要忽视潜在的停滞不前，必要时候给予适当"刺激"，促使他们走出低迷，追求更高的发展。

第三阶段为风格期。意识到危险之后，很多教师自觉摆脱"成熟"的束缚，走上创建风格的道路，教师成长曲线再次上扬。

形成独特的教学风格，教师要走的路很长。首先，风格不是一朝一夕可以形成的，客观上需要一段时间的磨合；其次，风格全面反映一个人的思维模式和行为方式，必须要进行全方位"包装"才能形成；最后，风格是素质和修养的体现，需要时间和阅历的积累。在磨砺风格的过程中，教师成长表现为一条波动的曲线，但总体趋势是向上的。

对策：这一阶段是教师成长最曲折的时期，教师自己要树立坚定的信念，经受住考验甚至打击，学校更要鼓励教师敢于创新、挑战自我，同时还要创造宽松的专业环境，允许教师失败，等待教师发展。

第四阶段为骨干期。十年磨一剑，教师逐渐形成了特有的教学风格，奠定了在本学科、本学校的骨干地位。成为骨干教师后，教师发展又进入一个平缓时期，即第二个危险期，教师成长再次呈现为一条水平线。

10年是教师成长的一道"坎儿"。农村地区受条件制约，教师发展相对缓慢，这道"坎儿"出现的时间可能推迟到15年左右。由于年龄的增长，激情、豪气消退，发展方向开始模糊，发展动力明显不足，相当一部分人就此停下脚步。与此同时，职业倦怠大幅滋生，教师职业变换和工作调动的频率明显增加。

对策：成为骨干教师前，决定教师间差异的是素质，成为骨干教师后，造成教师间差异的则是理想、信念。因此学校必须加强骨干教师的人生观、价值观和事业观教育，建立淡泊名利、追求卓越、爱岗爱校、献身教育的理想信念。否则，将会面临"孔雀东南飞"，优秀教师流失的尴尬境地。

第五阶段为学术期。有的教师在成为骨干教师后，没有沉浸在成绩和荣誉中，而具有在更高层面实现自我价值的强烈愿望，教师成长曲线经过一段时间的平缓过渡，又开始"抬头"，这一时期发展的特点是前慢后快，形成一条向内弯曲的曲线。

对策：骨干教师很多都是"技术"上的骨干，在向学术型教师转变的过程中，存在一段时间的不适应，发展缓慢。学校要帮助骨干教师寻找发展的途径，促使其丰富的实践经验积蓄的强大后劲爆发出来，形成飞跃式发展，鼓励教师著书立说，有所建树。

第六阶段为理想期。教师在学术上的成功激发教师对教育进行深层次的思辨，跳出学科范围和学术研究，开始思索构建自己理想中的教育。

对策：虽然是顶峰，但并不是一个点，而是一个平台，广阔天地，大有作为。进入第五、第六阶段的教师，开始步入追求独立、自觉发展的新境界，学校对他们的影响相对较弱，最大的帮助和支持就是放手——给他们学术自由和思想自由，同时为他们提供必要的物质保障。

教师专业发展是一个漫长的过程，受个人资质和外界环境的影响较大。把握教师成长的阶段性特点，因势利导地给予必要帮助和干预，才能促进教师快速成长。

七、强化教师团队意识

（一）提高认识，激活教师的合作意识

1. 利用教师大会，宣传合作的益处，使教师认识到合作可以创造和谐的校园人际关系，是提高学校整体和教师个体教学效益的保障，合作能取长补短，有利于个人事业的成功，还有利于造就学生的完美人格。

2. 借用机会引导教师树立"共赢"思维。植物界有一种"共生效应"，即某种植物单独生长时会枯萎死亡，而与另一种植物一起生长时两者都会生长旺盛。在学校管理中，要改变一些教师"非赢即输"的思维定势，强调如果合作，同样可产生这种"共生效应"。逐渐地让大家认识到在满足自己需求的同时，也应主动考虑其他教师的需要。进一步理解"三人行，必有吾师"的现实意义，从而认可其他教师的能力、贡献。

3. 时时强化教师的团队意识。教育的目的是为了每一位学生整体素质的提高，教师只有通力合作，才能达到这一目的。有了团队意识，教师才会把所教课程摆在全局位置，才能增强相互合作的自觉性。

（二）建立机制，创设教师合作的氛围

1. 调动合作人员，创新用人机制。把善于合作、乐于合作的教学骨干分散安排在各年段、各学科之中。这样的分布有利于让教师的心态平和，因为年龄、水平差不多的教师之间最容易产生恶性竞争，这样的分布也有利于专业引领，同伴合作。

2. 管理重心下移，深化民主机制。为了让每一位教师都有陈述自己意见、建议的机会，应定期召开教代会，落实校务会议制度。最好由年级长和行政人员一起研究学校近阶段的工作。由于年级组长在学校管理层级中的特殊位置，这样的议事制度就可以实现经常性地平等协商。

3. 过程、结果兼顾，完善评价机制。在对教师进行考核时，一方面将合作意识与能力作为一项重要指标。另一方面，更加细化过程性考核。例如在教学常规上，采取每周检查的办法，在教学成绩评定上，突出纵向对照分析，这样的考核，可缓解相对评价，突出绝对评价，显示出教师逐步成长的过程，有利于教师之间的合作。

4. 和谐、竞争并存，革新激励机制。竞争只是手段，发展才是目的。但当前，竞争成了学校激励教师的主导行为。而竞争带来的负面效应也不容忽视。许多教师片面认为竞争就是展现自我，突出自我，确定自己在学校乃至某一区域内教育界的地位。更有甚者，把压倒别人、抬高自己作为追逐名利的资本，对别人诽谤拆台。竞争之激烈，让不少教师背上沉重的心理负担。所以，在制定制度时，应尽量考虑和谐的人际关系。

八、促进教师自主发展

教师在专业成长过程中，要善于思考、善于分析、善于整合。教师的专业成长，需要长期的积累和实践锻炼，专业化水平的提高，是一个终身学习和实践的过程，必须要靠教师自身主动、自觉参与才能完成。

综合国际、国内的一些研究成果，一名合格的教师应当具有以下学习能力：

（1）掌握认识世界的工具，学会学习的方法；

（2）有效地沟通与表达；

（3）泛读和理解的技能；

（4）探究推理、解决疑难的能力；

（5）获得、处理与应用信息的能力；

（6）创新的意念；

（7）开展研究的能力；

（8）终身学习。

教师的成长过程必须建立在自身教育教学需要的基础上，建立在教师主体积极主动参与、自主谋求发展的过程中，让专业成长变成自主行为，才能收到应有的成效。教师专业学科素养包括学科知识和专业知识两方面。知识取得的一种主要方式就是自主学习。

1. 向书本学习。一方面教师要向书本学习本学科专业知识及拓展性专业知识，学习跨学科专业知识。提高自己的文化知识底蕴和学科理论水平，建立起既专又博的完整知识体系。另一方面，教师要认真研读各种教学期刊、研究报告、论著等文献资料，了解学科教学及教育的最新动态和前沿知识，丰富自己的教育信息，提高自己的综合文化素养。

2. 向他人学习。一是教师要积极参加教研组等协作团体活动，不仅参加本学科的活动，还应参加相关学科的教研活动，在参加活动中，在与组内其他成员的互动过程中，获得他人的知识、经验，充实自身的教学知识。二是参加各类专家讲座、教学研讨会，开阔视野，增长见识，丰富知识。三是通过参观和教学观摩等方式向他人学习，这种方式对获取那些只可意会、不可言传的教学知识非常重要。四是教师可以通过采访资深的教师、名师、专家学者等相关人员，获取自己所需要的知识。

3. 向网络学习。互联网是一个巨大的学习空间，它打破了年龄、时间和空间等诸多限制，教师应该积极打造自己的网上学习策略，充分利用网络资源。有条件的教师可以建立自己的博客，加入博客群，这样可以不受时间和空间的限制，在网上实现与专家学者以及同行的交流与研讨，提升自己的专业水平。

4. 向案例学习。每一所学校都积累了大量的典型案例，隐藏着丰富的实践性智慧。教师要通过与其他教师一起对案例进行阅读、分析、讨论，学习在真实的教学情境中，获得解决相应的教育教学实际问题的方法和策略，提升自己的实践智慧。

第九章 全力打造专业化的班主任队伍

多年来，由于种种原因，班主任似乎只是附加给教师的一项工作，它的独立性和专业性往往被忽视。在教育改革的大潮中，班主任专业化被提到教育管理的重要层面上来。要胜任班主任工作，不仅要求教师具备相应的心理学、教育学和管理学方面的知识，更要求教师具有专业化的理念和技能。

班主任是专业性很强的工作，是一种不可替代的专门职业。班主任专业化的内涵与教师专业化的内涵具有共性，因为"一个优秀的班主任，首先应该是一个优秀的教师"。然而，一个优秀的教师不一定就是一个优秀的班主任。班主任的专业角色内涵比任课教师丰富得多，其工作难度也大得多。他们除了和任课教师一样要完成好教书育人的任务之外，还要对学生的生活、学习、工作以及学生的素质和班集体的形成与发展承担重要责任，要对学生和班集体进行教育与管理。为此，《教育部关于进一步加强中小学班主任工作的意见》指出："班主任岗位是具有较高素质和人格要求的重要专业性岗位"，"中小学班主任工作是学校教育中极其重要的育人工作，既是一门科学、也是一门艺术。在普遍要求全体教师都要努力承担育人工作的情况下，班主任的责任更重，要求更高"。

一、班主任专业化的特殊性

1. 班主任的职责及其教育劳动具有特殊性。

班主任是学校任命或委派并负责组织、教育、管理学生班级的主任教师。组织、管理班级是班主任的工作，班主任的教育劳动与班主任的组织、管理工作是相互联系、相互渗透的，但又是有区别的。班级的组织、管理是班务工作，组织、管理班级具有教育性，但不是直接的教育活动或教育过程本身。教育或直接的教育过程是文化——心理过程，是师生精神交往的过程，是教师与学生互动的过程。班主任教育劳动主要的、内在的目的就是育人，就是促进学生的精神发展，因此实质上是一种精神劳动。促进学生德、智、体全面发展，是所有教师包括班主任教师和非班主任教师的职责。但班主任作为班级教育的主任教师，他的角色地位决定了他的工作有着与非班主任教师教学工作不同的特殊性，即除了负责组织、管理班级工作外，还必须承担更多的教育责任。他是学校中主要进行道德教育的教师；在现实生活中，更多、更好地关心学生全面发展的是班主任，更多、更好地关心学生精神生活、精神发展的也是班主任；班主任是一个特殊类型的教师。

2. 班主任专业化是特殊类型的教师专业化。

班主任是特殊类型的教师，班主任专业化是一种特殊类型的教师专业化，或者说是教师专业化的一个特殊方面。班主任专业化的要求与内容，与非班主任教师专业化的要求与内容有共同的方面，同时又有其特殊的方面。共同的要求与内容包括：任教学科的专业化，教育知识、教育能力的专业化（含教育学理论、心理学理论、青少年心理发展理论等理论修养与教育艺术等）以及对教师道德的要求。关于任教学科的专业化，是所有教师都应当为之努力以求实现的目标，班主任也不例外。任何一门学科的教学，除传授与学习相关学科的知识外，还应结合学科教学进行情感、态度、价值观的教育，促进其精神素质的提升。这是对每个教师专业化的共同要求，当然也是对班主任的要求；对班主任来说，学科教学更应当成为自己实施班级教育的一种方式、一种操作系统。但我们要探索的不是班主任专业化中那些与一般任课教师专业化相同的方面，而是要探讨不同于一般教师专业化的那些特殊的方面。

二、班主任专业化的内涵

班主任专业化的内涵基本上与教师专业化的内涵相近。教师专业化是指教师在获得国家规定的学历标准的基础上，建立现代教育理念，修炼崇高的职业道德，并经过教师职业培训而获得必要的专业知识、专业能力和教师资格，确保专业地位的过程。班主任专业化与教师专业化具有共同性，因为"一个优秀的班主任，首先应该是一个优秀的教师"。然而，班主任的专业角色与教师的专业角色是有所不同的，他们除了和任课教师一样要完成好教学工作之外，还要履行班主任的职责。由此可见，班主任专业化就是以教师专业化为基础，以专业的观念和要求对班主任进行选择、培养、培训、管理和使用的过程。主要包括在职业道德上，从一般的道德要求向专业精神发展；在专业知识和能力上，从"单一型"向"复合型"发展；在劳动形态上，从"经验型"向"创造型"发展。

三、班主任专业化需要具备的条件和能力要求

（一）班主任专业化需要具备的条件

1. 履行这一专业需要有相当程度的专门知识和技能；

2. 这些知识、技能不是在完全常规化的情境中实施的，而是不断针对新问题、新情况实施的；

3. 从事专业的人员必须接受高等教育，掌握系统的知识和形成专业的价值观念；

4. 由于以知识为基础的技能必须在非常规的情境中实施，针对具体案例自主地作出专业判断就成为至关重要的准则；

5. 长期的训练，高度的责任感等。

（二）班主任需要具备的能力

班主任专业能力是班主任专业素养的重要组成部分，是班主任专业成熟的关键因素。它体现在履行班主任职责的各个方面：

1. 研究学生的能力

了解研究学生的能力是班主任能力结构中最基本的部分，是搞好班级管理和学生思想品德教育的前提，也是其他专业能力形成的必备条件。一个班级学生来自于不同的地区，学习水平、成绩、习惯都处于不同的层次。一个新的班级班主任接手以后首先要做的就是研究学生。所以说研究学生的能力是班主任必备的第一能力要素。

2. 组织管理能力

班主任是班集体的组织者和管理者，班级管理是一项艰巨、复杂、专业性很强的工作。管理包括学生纪律、班级卫生、学生活动以及其他相关的班级事务管理。尤其对于班级纪律和重大活动管理，是班主任管理的关键。因此，班主任必须具有较强的组织和管理能力。

3. 协调能力

根据当今"立体化、网络化教育"的特点，班主任不仅要管理好学生，还要协调好任课教师，负责联系家长以及社会的相关事务。现代社会是一个多元社会，班主任要做好自己的本职工作，必须具有接受指令、协调教师、联系家长、交际社会的能力，使家庭、学校、社会彼此配合，形成教育合力。这样的班主任才能适合当今社会教育的需要。

四、班主任的专业精神

班主任的专业精神是在工作过程中表现出来的一种心理状态，具体表述应该包括这样几个方面：有明确的角色意识；较高的思想境界；向着理想班主任形象拼搏的进取精神。教师的专业化精神体现了人类追求真善美的科学精神与人文精神的高度融合。其价值取向是更加重视全体学生包括教师自身的整体素质的可持续发展，更加突出了对学生的精神关怀。

班主任的专业精神，实质上是班主任在工作中表现出来的对党和人民的教育事业的热爱，是爱国主义精神、无私奉献精神、爱岗敬业精神、开拓创新精神、廉洁自律精神、团结协作精神、民主法制精神的集中体现。

班主任修炼专业精神必须以时代精神、民族文化为背景，以人文精神为渊源，以自身专业素质的可持续发展为根本目标，严格要求自己，不断趋美向善、修身正己、探理求知、奉献示范，执著地追求理想化的目标。

五、班主任专业化的现实意义

（一）班主任专业化是时代发展的强烈呼唤

班主任工作是以完整的人作为工作对象的，因此，班主任就应当具有促进每一位学生全面发展的知识和相应的教育技能，班主任的知识、能力和素质应当向现代社会领域全方位开掘。班主任工作是一项专业性很强的工作。但是，长期以来，由于班主任所受的专业训练严重不足，加之教育自身存在的问题，班主任在班级教育管理实践中没有能够表现出必要的专业精神、专业理论、专业技能，班主任工作存在诸多问题，少数班主任由于教育理念的落后，工作方式的粗暴，角色认知的错位，在教育工作中制造了一系列的"反教育"现象，对学生的身心发展造成了伤害，给班主任工作信誉蒙上了阴影，使班主任工作陷入了某种尴尬的境地。因此，班主任被看做人人能为的、不具有专门学问的工作，这种观念必须彻底打破。新时期的班主任必须经过专门的系统训练，必须具备班主任工作的专业性系统知识，实现专业发展。

（二）班主任专业化是教师专业化发展的必然结果

班主任岗位的专业性源于一般教师劳动的专业性，又应高于一般教师劳动的专业性，是教师专业发展的深化和扩展。班主任在学生素质发展中的地位与作用日益受到关注，人们逐步认识到，现代班主任不仅仅是班集体的组织者、教育者、管理者，同时还是学生主要的"精神关怀者"、影响学生成长发展的"重要他人"，为此，现代班主任应当成为具有专门的职业理论、专门的职业道德、专门的职业技能的教育专业工作者。相对于教师专业化而言，班主任工作是一个更微观，同时也是更深入的领域，班主任岗位的专业化是教师专业化的题中之义，是教师专业化向纵深发展的必然结果。

（三）班主任专业化是改进班主任工作的迫切需要

长期以来，广大中小学班主任兢兢业业、教书育人、无私奉献，做了大量教育和管理工作，为促进中小学生的健康成长作出了重要贡献。但在现实生活中，一些教师在担任班主任工作的问题上，确实存在着"不愿做"、"不会做"、"不宜做"的"三不"现象。

由此可见，班主任工作不是人人都能做的，也不是人人都能做好的，班主任应当是一种专业性的岗位。班主任专业化不仅是一个理论问题，更是一个现实问题；必须通过促进班主任的专业化发展，来提高班主任的整体素质，改变班主任队伍的这种现状。

（四）班主任专业化是提高班主任地位的关键所在

班主任的社会地位和学术地位的提高，尽管与党和政府的重视和社会、家庭的信赖有关，但是，仅靠改善待遇和提高声誉是远远不够的。班主任只有自己行动起来，努力提高专业知识和专业能力水平，使自己从经验型的班主任向研究型的班主任发展，使自己的专业成熟程度不断提高，真正成为训练有素的不可替代的角色，才能从根本上改变班主任的职业形象，提高其社会地位和学术地位，使班主任工作成为令人尊敬和羡慕的职业。

六、班主任专业化的要求和内容

（一）学会精神关怀

班主任是全面关心学生发展的老师，包括关心学生的生活、健康、学习、心理、道德等等。学生是有血有肉的人，关怀学生就是关怀生命。班主任是全面关怀学生生命发展的主要教师，包括关怀学生的自然生命和精神生命（包括价值生命）。就教育是文化——心理过程而言，我们重点讨论的是对学生精神生命的关怀；班主任是学生主要的精神关怀者。精神关怀主要是关怀学生的心理生活、道德情操、审美情趣等方面的成长与发展，即关怀他们的精神生活质量和精神成长；关怀他们当下精神生活状况和他们未来的精神发展。班主任最根本的教育理念、最重要的教育品质就是对学生的精神关怀；能与学生心灵沟通，如德国思想家布贝尔说的"我——你"对话。精神关怀的内容是很广泛的，关心、理解、尊重、信任是关怀情感的基本表现，也是学生基本的精神需求，因而也是班主任专业劳动的基本内容；学会关心、理解、尊重、信任学生，是对班主任专业化的必然要求，而真正学会、学好也是一个过程。

1. 关心。班主任的教育劳动是人性化的劳动，关心学生是班主任的天职。加拿大学者范海南认为，教育智慧主要体现在对学生的"关心取向上"，关心是"人的崇高使命"。大家敬仰的斯霞老师是爱心育人的典范。关心是一种关系，也是一种品质，并非每个教师一开始工作就具有关心品质，关心品质的获得、如何关心是需要学习的；学会关心实际上是一种道德学习，也是一种形成关心性关系的过程。学会关心和形成关心性关系，是同一过程的两个方面；人是在关心与被关心中学会关心的，而学会彼此关心，也就是形成了关心性关系。关心作为一种德行品质，是一个整体。从个体的学习说是一种"践行——体验——认知"结合的学习策略。首先要践行，即基于一定认识和带有一定情感的行动。这种关心的行动，不仅是道德践履的外在表现，也是关心的意识（知）和关心的情感（情）的载体。行动的过程就是学习关心品质的过程，行动负载着知和情，行动过程是体验相互的关心与被关心的过程，是整合知情行为统一体的过程，是学习关心品质的过程，是形成关心性关系的过程。关心以尊重为前提，学会关心必须学会尊重。学会关心，包括合乎理性的关爱，认识关爱与尊重、关爱与被关爱、关爱与严格要求的关系，辨明关爱与溺爱、关爱与恩赐的区别等。

2. 理解。这里的理解是指对人的理解。对人的理解，主要指对人的心灵世界的理解，即在心理上体验他人心理、精神需求、人格特点等等。因此，理解是以人的方式把握人，与对物的认知有根本的不同。窦桂梅老师说："我常常阅读名著……我也天天阅读孩子，我强烈地感受到自己便是在阅读和欣赏人类最伟大的生命的杰作。"因此，理解就是对人的生命的把握。理解是双向的。教育的成功，不能没有理解。班主任要学会与学生相互理解、相互感悟、相互激励、相互涌动、相互发现、相互创造、共同成长、共同发展。学会理解不容易，成人世界与儿童世界不同。要相互理解就应当学会尊重，学会与学生平等交往，相互袒露胸怀。学会理解，就要如李吉林老师说的"用儿童的眼睛看世界"，学会将心比心，学会换位思考，这样才能走进学生心灵，才能懂得学生，从而让学生走近自己、懂得自己。

3. 尊重。尊重是对人的一种态度，是在实践上承认人的尊严。学生是人，是有思想、有感情、充满活力的生命。学会尊重，就是学会对人的生命的关注，要学会尊重人的自然生命，更要学会尊重人的人格，尊重人的精神生命。尊重他人是快乐的，被他人尊重也是快乐的。学会尊重，要处理好自尊与尊人的关系。只有尊重学生才能从学生那里得到尊重。如魏书生老师所说："首先从自己做起，培养自己尊重人的品质，首先向对方输出尊重的信息。"要改变只重学生学科成绩分数，较少关注学生心理生活、道德发展的状态，而应多多给予人文关怀，关注他们在情感、价值观方面的发展。在日常生活中，应当重视尊重学生的隐私（不私拆学生信件，不翻看私人日记）。要尊重所有学生，包括学习困难、有弱点的学生。学会关心、理解学生，有助于学会尊重学生、学会欣赏学生，去感受尊重的美好。

4. 信任。每个人的心理世界都有光明的、积极的一面。相信每个学生都有他的优点、长处；相信每个学生都有积极进取的愿望。教育人类学指明人是具有"明天性"的，儿童和青少年尤其是这样，他们总是希望认识新的事物，获得新的知识，向往新的学年的到来；他们是创造未来的生命体。班主任相信自己的学生渴望新知、有天天向上的要求，是处理好师生关系、教育好学生、促进学生发展不可少的条件。因此，信任学生是对学生应有的态度，是班主任专业化必须具备的品质。对学生的合理期望，有助于提高学生的自信，促进学生的进步。善于发现学生的闪光点，帮助他们长善救失。接纳每一个学生，相信每一个学生都能成才。相信学生的辨别能力，如李镇西老师所说的，相信"学生总是对的"。这是就面对学生的批评意见，教师应采取的态度而言的，即肯定学生能提意见这种精神、提意见的良好动机和积极的效果而言的。真能领悟到这一点，就会感到愉快。

关心、理解、尊重、信任是相互联系的，都是对人的认识和态度，也是教育的基础、教育的力量。关心与理解是紧密联系的，在关心中获得理解，理解学生才能善待学生。关心以尊重为前提，也是尊重的表现。当然，信任也是尊重的一种表现；对学生的尊重、期待与信任，会给学生带来愉快的体验。

精神关怀是双向的。作为精神关怀者，班主任掌握与学生心灵沟通的艺术十分重要。但这是教育的艺术，也是教育的智慧，是一种缄默知识，需要我们在不断地学习教育理论、反思自己和他人的教育实践中，慢慢地去意会、去领悟。

（二）学会班级建设

组织、教育、管理班级的知识和能力，是班主任专业化特有的主要要求。在这里不多讨论组织能力与管理能力，主要讨论提高班级教育能力问题。

班主任对学生的教育的实施，除通过所任学科的教学外，主要是通过班级教育系统进行。因此班级教育系统是班主任实施教育的特殊操作系统。我们把它称作"发展性班级教育系统"。这是旨在促进学生发展的教育体系，是以班主任为主导，由相互联系的班级教育目标、班级教学、班级学生集体、班级活动、班级文化、班级管理、班级教育合力、学生发展评价等各子系统有机构成的班级教育整体。每个子系统都是班级教育系统整体的一个子系统，都是班级教育系统整体的一个维度、一个侧面，都是具有整体性、具有自己特有的教育功能的。其中班级教学是所有任课教师都参与的，因此不将其包括在班主任特殊操作系统中，不作为班主任专业化的专门要求。除班级教学外，其他各子系统的运作和教育功能的发挥都是班主任的特殊操作系统。如何进行班级建设，保证班级教育中各子系统的有效运作，充分发挥其教育功能，是班主任专业劳动的基本功，是班主任特有的专业化的主要内容，具体说包括以下几方面能力的提高：

1. 形成适宜的班级教育目标的能力。善于调动学生积极性，共同讨论、制订班级教育目标；目标始终定位在学生的发展上，有针对性，体现班级特色、体现发展性要求。

2. 建设真的学生集体，促进学生个性发展的能力。真的集体应是一种学习共同体。它具有平等合作的结构关系、相互信赖的情感关系、共同的目标和利益关系，能尊重和促进学生个性发展。不以"集体利益"名义侵害个人利益和抑制个性发展。

3. 组织班级教育活动的能力。善于组织多种多样的班级教育活动，切实提高教育活动的实效性，防止形式主义。善于让学生在活动中展示自我、发展自我、实现自我。

4. 优化班级文化的能力。具有建设富有生命活力的班级文化的能力，发展积极的班级精神，形成有特色的班级文化。学会在班级文化创造中发展学生。

5. 人性化班级管理能力。班级教育管理的特点是教育性，管理的过程应是教育的过程，应是为育人服务。最重要的是具有以人为本的管理理念，能充分发挥人的积极性，为学生的发展创造良好的条件。

6. 形成班级教育合力的能力。善于拓展班级育人空间，依靠学校领导、社区领导，使班级教育与学校教育、家庭教育、社会教育形成整合一致的教育合力。

7. 具有发展性评价的能力。发展性评价的目的是引导、激励、促进学生的发展。发展性评价的内容主要是对学生德行发展、心理发展、能力发展的评价。善于根据不同的情境、不同的学生，运用多种方式（包括奖惩等方式）进行评价。给学生的操行评语是制度化的评价方式，宜人性化、个性化、审美化。

上述各方面能力相互联系，构成了完整的班级教育能力。这是班主任应具备的主要教育能力，也是班主任主导班级教育的基本功。

七、如何打造一支专业化的班主任队伍

而今，打造一支专业化的班主任队伍是我们学校工作的重中之重。那么，如何打造一支具有专业化的班主任队伍呢？下面谈一下提高班主任专业化实效的方法：

（一）加强培训

1. 自我培训

班主任专业化重在建设，重中之重在于班主任的自我建设。

首先，制订班主任专业化自我发展计划。指导班主任分析现状，特别是分析自身的优势和不足，确定专业化发展目标，然后制订出短、中、长期的发展计划。

其次，在班主任工作实践中进行培训。学习工作化，工作学习化，是我们的基本理念，即把工作的过程看成是学习的过程，把学习如同工作一样地要求。所以，我们始终坚持把"学习——反思——研究——总结——实践——升华"作为班主任自我培训的基本模式，提倡在学习中反思工作中遇到的问题，带着问题去研究，然后寻求解决问题的方法，改进班主任的教育工作实践，提升班主任素质。这样，形成工作、学习、研究、发展四位一体，成为班主任成长的有效途径。

2. 校本培训

21世纪的中国教育改革进入了加强德育为核心，以培养学生的创新精神和实践能力为重点、全面推进素质教育的新阶段。教师队伍的建设是素质教育的关键因素，班主任是教师队伍中的骨干力量，班主任专业化素质直接关系到素质教育的成败。因此，我们在校本培训中应加强班主任专业化素质的培养，主要包括：

(1) 专业理念："育人为本"的教育观，"认识学生、研究学生"的学生观，"发挥学生的潜能，相信每一位学生都能成功"的人才观，"以学生发展为核心"的教育评价观，等等。

(2) 专业精神：关爱精神，敬业乐业精神，学而不厌精神，教育创新精神，勇于负责精神，等等。

(3) 专业道德：爱岗敬业，团结协作，献身教育，热爱学生，促进发展，以身作则，为人师表，等等。

(4) 专业知识：现代班集体建设要素，比较完善的基础科学文化知识，边缘学科和新学科知识，最新科学技术和社会科学信息，等等。

(5) 专业能力：学习能力，组织能力，交际能力，科研能力，洞察能力，自我发展能力，创新能力，等等。

3. 观摩考察

"他山之石，可以攻玉。"到教育发达的地区去，走进名校，近距离地感受现代教育的气息，聆听教育专家的话语，感悟现代教育的新理念、新思想和新做法，为我所用，是促进班主任成长的途径之一。

(二) 加强制度建设，提供基本保障

在做好班主任培训工作、完善班主任奖励制度的同时，要切实加强以下几项制度建设：一要建立班主任职责制度。班主任工作的职责是担任班主任职务的教师按照班主任工作基本任务的要求所应承担的具体责任。班主任完成教育任务的过程，是一个履行职责的过程。职责制度的建立有助于班主任明确自己的职业定位，形成自己的专业角色意识。二要建立班主任资格制度。班主任资格认证制度是班主任职业专业化的基本特征，是国家对专门从事班级管理工作的班主任的基本要求；班主任资格认证也是对班主任工作专业性的认可，是对教师具有承担班主任工作能力的认定，是班主任获得工作岗位的首要条件。逐步试行班主任持证上岗制度，改变过去"班主任工作只是副业，兼一兼、代一代就行"的传统观念。三要建立班主任薪酬制度。获得稳定而丰厚的经济收入是专业人员不断追求专业发展的基本物质保障。任何一个专业成熟度很高的职业都有相当高的经济回报作支持，只有这样才能吸引更多的优秀人才加入这个行业，也只有这样才能促使从业人员不断地致力于提高专业水准、建立严格的职业伦理规范，从而提高这一职业的权威性和社会地位。因此，合理的薪酬制度是激励班主任不断追求专业发展与职业自我实现的一种激励制度，体现着国家和学校对班主任工作及其专业性的重视和尊重程度，体现着一个追求专业发展的班主任的主体价值和人格尊严。

班主任专业发展还需要个体不断的反思。班主任的反思是班主任以自己的班级管理活动为思考对象，对自己的思想和态度、行为和方法、教育和管理进行审视与分析的过程，是一条通过提高参与者的自我觉察水平来促进能力发展的途径。波斯纳曾提出一个教师成长的简要公式：经验＋反思＝成长，并指出，"没有反思的经验是狭隘的经验，至多只能形成肤浅的知识，如果教师仅仅满足于获得经验而不对经验进行深入的思考，那么他的发展将大受限制。"可见，反思对于班主任的专业成长和发展具有重要意义。

（三）培训中应注意的问题

1. 系统性。学校在学期教育计划中应该将班主任培训作为一项重要工作统筹，由政教处设计培训内容，统一安排培训时间，根据班主任的实际需求组织有序培训。

2. 层次性。主要采取分层教学，满足不同类型和不同层次的班主任的发展需求。根据班主任不同生涯的分期，将班主任划分为适应期的新班主任、拥有一定经验的成长期的班主任、取得一定业绩的骨干班主任等，在深入研究其发展需求及面临问题的基础上，分别选择相应的培训内容和方式。（1）对新班主任重点在上岗前进行操作技能方面的培训：班主任应具备的师德、专业知识和能力。（2）对成长期班主任的培训突出理论的学习和提升："每月一招"的经验交流会；教育案例的剖析和反思；工作中的热门话题，如，班干部的提拔与培养；巧妙处理早恋问题；心理健康教育方法等。（3）对骨干班主任的培训主要定位在科研能力的培养上。如，中学生非正式群体的成因与对策；班级文化氛围及班集体的建设的指导；主题班会课的设计策略与开展；问题学生的成因、心理状况、转化及辅导策略等。把优秀班主任平时积累的教育案例、成长感悟等资料分门别类地收集和整理起来，编辑成册，并通过科研课题的引领促进骨干班主任向做一名教育专家的方向努力。

3. 多样性。培训的方式应灵活多样，既有传统的讲座或报告，也有建立在同伴交流基础上的案例剖析、专题研讨、体验活动等。

4. 研究性。通过确立校本德育课题等方式，引导班主任树立"研究是一种专业的工作方式"的基本理念，鼓励他们从日常管理中发现科研课题，带着科研课题带班，即在学习中反思工作中遇到的问题，带着问题去研究，然后寻求解决问题的方法，改进班主任的教育工作实践，提升班主任素质。

总之，班主任工作是一种专业性的岗位，班主任需要经过专门的培养，才能成为具有专业知识、专业技能、专业道德的专业工作者。班主任的专业化发展是一个目标，是一种追求，也是一项事业，既需要班主任在教育教学实践中去体会和感悟，需要班主任个体的素质建构、内涵提升、自主发展和自我超越，更需要建立和健全相关的保障制度，促进班主任形成自己的专业角色意识，激发他们的工作热情与责任感，激励他们不断提高自己的专业化水平，从而真正成为学生的精神关怀者。

第十章　营造有生命力的课堂

长期以来，课堂教学中，学生是通过老师的传授被动地接受知识，学生学习的过程就是不断积累知识的过程，而这种被动接受知识的方式，致使大多数学生逐渐养成一种不爱问、不想问"为什么"，也不知道要问"为什么"的麻木习惯，从而形成一种盲目崇拜书本和老师的思想。这种学习方法不仅束缚了学生的思维发展，也使学生学习的主动性渐渐丧失，甚至被迫学习，根本体会不到学习的快乐。

从学生学习的情况来看，学生学习行为存在严重缺陷，方式极端落后，学生被动地接受知识，主动性被忽视，甚至被压抑，这与现代社会对人才培养的要求是不相符合的，这种模式担负不了培养高素质的创造性人才的重担。

教育最根本的目的就是培养人不断地领悟世界的意义和人本身存在的意义。"课堂教学对学生而言是自己生命价值和自身发展的体现。最后能使师生得到生命满足的愿望。"

苏霍姆林斯基曾经说过，学生心灵深处有一种根深蒂固的需要——希望自己是一个发现者、研究者、探究者。因此新课堂应是个大课堂，活课堂，是个动态的课堂，和谐的课堂。它不再以知识至上，以能力为终极，而是以学会学习为追求，以奠定终身发展为目标，通过自主、探究、合作等方式，让教学的主体真正做主，让课堂上师生互动、生生互动，在知识与智慧、思维与情感鲜活的碰撞中，协同生成"活生生"的课堂。

一、审视传统的课堂

以教师为中心的教学模式，它是解放初期从苏联传来的。它的优点是有利于教师主导作用的发挥，有利于教师对课堂教学的组织、管理与控制；但是它存在一个很大的缺陷，就是忽视学生的主动性、创造性，不能把学生的认知主体作用很好地体现出来，在科学技术飞速发展的今天，教学容量的增大，知识的不断更新，也向传统的教学手段提出挑战。传统课堂教学模式在理论和实践中表现出来的基本特征：

1. 完成认识性任务，成为课堂教学的中心或唯一目的。教学目标设定中最具体的是认识性目标，浅者要求达到讲清知识，深者要求达到发展能力。其他的任务，或抽象、或附带，并无真正的地位。

2. 钻研教材和设计教学过程，是教师备课的中心任务。尽管也提出研究学生的任务，但大多数情况下，只是把学生作为一个处于一定年级段的抽象群体来认识，研究的重点也是放在学生能否掌握教材，难点在何处等，依然是以教材为中心来认识学生。教学过程的设计除了课程进行的程序外，重点是按教材逻辑，分解设计一系列问题或相关练习，在教师心目中甚至在教案上都已有明确答案设定。

3. 上课是执行教案的过程，教师的教和学生的学在课堂上最理想的进程是完成教案。教师期望的是学生按教案设想作出回答，教师的任务就是努力引导学生，直至得出预定答案。学生在课堂上实际扮演着配合教师完成教案的角色。于是，我们就见到这样的景象：课堂成了演出"教案剧"的"舞台"，教师是"主角"，学习好的学生是主要的"配角"，大多数学生只是不起眼的"群众演员"，很多情况下只是"观众"与"听众"。

传统课堂教学的主要问题是什么？为何会存在这些问题？这是当前深化课堂教学改革首先要回答的，如认为过去的课堂教学主要关注教师的教，忽视学生的学；重视知识的传递，忽视能力的培养，忽视学生学习中的非智力因素等等。然而，这些认识的进展，尽管起了拓展思路、丰富认识的作用，但仍然局限在对教学性质的传统认识中，并未跳出原有的"大框架"。

把认识发展置于教学的中心任务的地位，但是，把学生其他方面的发展任务丢掉，或者使它们完全依附于认识任务，这是最大的问题。有不少人也强调教学过程中要十分注意调动学生的情感，引起学习兴趣，使学生乐学、好学，这里，对情感的重视，实际上只是把它作为服务于学习的手段。有的人强调学习中的情境与情感体验，其旨意是使情感作为有助于识记的背景发挥作用。还有人强调把文学教材中的情感发掘出来，使学生体验并内化，这比前两者仅把情感作为帮助教师完成教学认识任务的工具要前进一步，但还没有注意对到课堂生活本身促使学生情感发展的价值。

把丰富复杂、变动不居的课堂教学过程简括为特殊的认识活动，把它从整体的生命活动中抽象、隔离出来，是传统课堂教学观的最根本缺陷。它既忽视了作为独立个体、处于不同状态的教师与学生，在课堂教学过程中的多种需要与潜在能力，又忽视了作为共同活动体的师生群体，在课堂教学活动中多边多重、多种形式的交互作用和创造能力。这是忽视课堂教学过程中人的因素之突出表现。它使课堂教学变得机械、沉闷和程式化，缺乏生气与乐趣。缺乏对智慧的挑战和对好奇心的刺激，使师生的生命力在课堂中得不到充分发挥，进而使教学本身也成为导致学生厌学、教师厌教的因素，连传统课堂教学视为最主要的认识性任务也不可能得到完全和有效的实现。

为了改变上述状态必须突破（但不是完全否定）"特殊认识活动论"的传统框架，从更高的层次——生命的层次，用动态生成的观念，重新全面地认识课堂教学，构建新的课堂教学观，它所期望的实践效应就是：让课堂焕发出生命的活力。

课堂教学应被看做师生人生中一段重要的生命经历，是他们生命的有意义的构成部分。对于学生而言，课堂教学是其学校生活的最基本构成部分，它的质量，直接影响学生当前及今后的多方面发展和成长；对于教师而言，课堂教学是其职业生活的最基本的构成部分，它的质量，直接影响教师对职业的感受、态度和专业水平的发展、生命价值的体现。总之，课堂教学对于参与者具有个体生命价值。

二、树立生本教育的思想

以美国为首的西方国家教育思想历来倾向"以学生为中心"——从20世纪初开始，杜威就大力提倡"以儿童为中心"、"以活动为中心"，到了20世纪五六十年代，布鲁纳大力推动"发现式学习"，其核心思想也是鼓励学生的自主学习、自主探究。

现代教育理念的发展是随着人本主义思想的发展而发展的，它体现了对人的生命价值的尊重，对人性的信心，对人潜能无限的认知，更体现了平等意识和追求人的全面发展。国家《基础教育课程改革纲要（试行）》明确提出要"全面推进素质教育"，素质教育是教育的根本要求，也是时代发展的要求，其本质就是通过教育使每一个学生都得到良好的成长与发展。如何实施素质教育？首先是观念上进行革新，要改变那种以为儿童是被动的、是无知的观点。

近几年来，我国生本教育是由广东省教育科学研究所郭思乐教授全力倡导、推广的一种素质教育。生本教育理念是现代教育理念的继承和在本土的发展。

生本教育就是以生命为本的教育，就是以激扬生命为宗旨、为学生好学而设计的教育。在生本教育中，教育教学的真正主体是学生，把以往教学中主要依靠教师的教，转变为主要依靠学生的学，教师的作用和价值体现在最大程度地调动学生的内在积极性，组织学生自主学习上。这些与中国的传统教育是完全不同的。其最大的特点是突出学生、突出学习、突出探究、突出合作。

生本教育的核心理念：一切为了学生、高度尊重学生，全面依靠学生。

1. 生本的教育观。生本教育揭示教育的本质是提升生命，教育手段是依靠生命本身的内在力量。人的智慧的发展延续着亿万年生命发展的过程，人的起点非零。教育应该在此基础上进行，充分尊重和依循生命的本质，教育才可能是"人的教育"。教育现代化就是人的现代化，使人的生命潜能得到充分的发挥，使人的天性得到自由的发展，是教育现代化的根本目标，也是根本途径。

2. 生本教育的教学观。教学就是学生在老师的组织指导下的自主学习。生本的课堂区别于考本、本本、师本的，区别于短期行为的、分数的课堂，是人的发展的课堂。在教学组织上，生本教育鼓励先学，以学定教，少教多学，直至不教而教。采用个人、小组和班级的多种方式的自主学习。

3. 生本的学习观。学习是生命成长的过程，它是人自身的一种需要，而不是外在压力的结果。教育的一切行为都应该是为了满足儿童的这种需要，从而使他们内在的生命力、使他们的潜能得到充分的发挥。教育是为了帮助学生，而不是限制学生。

4. 生本的课程观。建立以符号实践本体取代符号研究本体的课程观，真正实现"小立课程，大作功夫"、"宽着期限，紧着课程"。在基础教育阶段，所有的知识都可以在生活中找到，而不仅仅是教材中。脱离了生活、脱离了学生的实际感受的知识和学生的生活结合，让学生自己去做、去发现、去研究。

5. 生本的教师观。教师应从"拉动学生的纤夫"转变为"生命的牧者"。对普通的基础教育而言，教只是组织学生自主学习的一项极其重要的工作。教师的核心能力是组织学生学习的能力。教师应在学生的放飞中获得自身的解放，同学生一起成长。这种新认识为教师成长提供新的目标和途径。

6. 生本的德育观。德育不是抽象的说教。它的真正基础是儿童的美好学习生活。在学习生活中体验情感、意志，塑造人格。教学的生态对德育有重要的意义。

7. 生本的学校管理观。生本教育的学校管理要适应学校的生本化的发展。除了尊重学生的人格、尊重学生的生命需要、尊重学生的智力之外，还要依靠学生进行管理。

8. 生本教育的评价观。解决目前普遍存在的素质教育和考试的矛盾。遵循生命发展、成长的自然规律，使每个人得到正常的、愉快的发展，素质教育目标实现了，在考试的竞争中也会立于不败之地。

一切为了学生是生本教育的价值观。郭思乐先生从"以学生为本，以学生的发展为本"引申出"以人为本，以生命为本"，揭示了教育的真本。世界上没有什么比生命更重要的，自己的事情还是要自己最后去完成。把教育定位在人的生命的高度来认识，这是生本教育研究的重大突破，它强调学生是教学过程的终端，这是教育的本性。生本教育的目标是"以学生的生命价值为出发点"，其目的是"以学生的生命价值为体现"。一句话就是生命质量的提升。生本教育强调不能压抑、控制人的自然生命，强调人的生命价值和智慧价值。

三、以建构主义理论为学习的指导思想

建构主义理论是学习理论中行为主义发展到认知主义以后的进一步发展，被称为当代教育心理学中的一场革命。它的许多理论观点体现了新时代教育发展的要求，值得我们借鉴。因此，在我国基础教育改革不断深化、新课改全面推开的形势下，学习和研究建构主义理论，对探索新的课堂教学模式具有十分重要的意义。

（一）建构主义的基本理论

建构主义理论最早由瑞士著名心理学家皮亚杰提出，并在半个世纪以前就已由皮亚杰和维果茨基等学者共同奠定。建构主义理论的内容十分丰富，其核心是：学习是一种活动过程，学习是一种建构过程，学习必须处于丰富的情境中。强调教学必须以学习者为中心，强调学习者对知识的主动探索、主动发现，强调"情境"对意义建构的重要作用，强调"协作学习"对意义建构的关键作用，强调对学习环境（而非教学环境）的设计，强调利用各种信息资源来支持"学"（而非支持"教"），强调学习过程的最终目的是完成意义建构（而非完成教学目标）。

（二）建构主义的学习观

建构主义认为，学习不只是由教师向学习者传递知识的过程，而是学习者建构自己知识的过程。学习者不是被动的信息吸收者，相反，

他要主动地建构信息的意义，这种建构不可能由他人代替。这意味着学习是主动的，学习者不是被动的刺激接受者，他要对外部信息作主动的选择和加工。

学习或建构的对象不仅包括结构性知识，更包括大量的非结构性知识和经验。学习意义的获得，是每个学习者以原有的知识经验为基础，对新信息重新认识和编码，建构自己的理解的过程。在这一过程中，学习者原有的知识经验因为新知识经验的进入而发生调整和改变。

学习既是学习者个人的建构活动，同时也是学习共同体的合作建构过程。通过合作，能使个体的理解更加全面和丰富，又可以使知识达到必要的一致性。

学习包括"同化"和"顺应"。同化是指认知主体将遇到的新经验直接拿到自己原有的认知结构中的过程，体现知识量的增长。顺应是指认知主体通过调节自己的认知结构，使其适应外界新信息、新经验。它引起认知图式的发展，体现知识质的变化。

学习不是简单的信息积累，不是简单的信息输入、存储和提取，是新旧知识经验之间的双向的相互作用过程，也就是学习者与学习环境之间互动的过程。

在新一轮课程改革中，我们又一次拓展了关于学习的理论视野，我们需要重新认识什么是学习。社会建构主义认为，学习是一种对话性实践，它包含三种对话：一是与物和教材的对话，这是认知性学习，是文化过程，它建构世界（意义）；二是与他人（老师和同学）的对话，这是交往性学习，是社会过程，它建构伙伴（关系）；三是与自身对话，这是反思性学习，是伦理过程，它建构自我。所谓学习就是以上三种对话融为一体的基于沟通的社会过程。这种对话的学习传统，源于古希腊的苏格拉底，到了20世纪，苏联维果茨基与美国杜威的理论继承了这一传统。

新课程强调学习方式要多样化，这不仅是实现课程多元目标的需要，也是为了满足学生多样化的发展需求。在认知性学习的层面上，与物的对话（包括与现实世界或教学情境的对话），是探索性学习，而与教材的对话（包括与文本世界的对话），则是接受性学习。有意义的接受学习是自主建构，有意义的发现学习也是自主建构。前者的认识机制是同化，它引起认知结构的量变；后者的认识机制是顺应，它引起认知结构的质变。在学习过程中，既没有绝对的接受学习，也没有绝对的发现学习，总是两者相互交替、有机结合的。在这个过程中，建构主义强调学习者主动接触外界的信息（包括课本），并用自己已有的知识与经验去解释这些信息，从而赋予思维对象以心理意义。因此，课本必须成为学生自己赖以学会学习的媒介；如一个好的数学老师不是在教数学，而是激励学生自己去学数学。许多老师都有这样的疑问：课本让学生先读了，还有什么可探究的？其实，建构与探究是学习过程中相辅相成的、内外不同的两个向度，对外部世界是探究，在精神世界则是建构。探究性学习并不排斥对文本有意义的接受学习，相反，它很需要应用这种学习方式来扩充认知的背景，提高探究的起点。在读书的过程中，要找出疑问进行质疑，对例题进行变式，还要解题、问题解决，寻找新的算法，思考知识与知识之间、书本知识与现实生活之间的联系等等，无一不是探究性、创造性的学习，也无一不是源于课本又高于课本的建构活动。

四、以一定的教学模式为载体，构建高效的有生命力的课堂

所谓模式就是在一定的教育思想指导下的课堂教学结构。它本身就是思想的载体，什么样的模式背后都有一定思想作指导。有学者就认为，模式虽然重要，但最重要的是思想，没有创新的观念，便没有创新的模式。

著名学者朱永新说："离开模式，什么都是浮云。这个时期或者未来时期，教育的核心竞争力取决于你这个学校有没有核心竞争力的课堂，有没有具有核心竞争力的课堂经营模式。"近十年间，涌现出了一批教学新模式的"草根典型"，如东庐中学的"讲学稿"、洋思中学的"先学后教、当堂训练"、杜郎口中学的"预习、展示、反馈"、新绛中

学的"半天授课制"，等等。纵观这些模式，它们都优化了课堂教学结构，让学生成为课堂的主人，它们打破了传统"先教后学"的教学关系，确立了"先学后教"的教学结构，它们的理念是以学为主，多学少教，以学定教，自学成为课堂教学的基础，探究成为课堂教学的常态，反思成为课堂教学的升华。

1. "高效课堂"使师生情感交融、价值共享、共同创造、共同提升生命价值、丰富精神世界，学生们如沐春风，教师们如鱼得水，教学相长，其乐融融。在这个过程中，我们的教师和学生都得到了发展，这正是我们搞课堂教学改革的初衷。

2. "高效课堂"使学生学习变被动接受为主动探求，变学为思，变学为悟，使学习成为享受，学习效益大幅提高；学生们有了更多的时间去运动、去实践，阳光、微笑、自信又在学生们脸上绽放，学生们的综合素养正逐步得到提升。

3. "高效课堂"倡导民主、尊重、平等、宽容、欣赏、和谐、进取等现代理念，影响了学生思想。

4. 高效课堂模式渗透了新课程的三大核心理念：自主、合作、探究，在探索高效课堂教学模式的实践过程中，我们已收获了很多。教师教育教学理念和课堂教学水平正逐步得到提高，已把提高效率和效益作为课堂教学中的一种自觉的意识；在课堂上无效或低效的行为正越来越少；教师们也有了读书和修习专业的时间，他们渐渐走出了职业倦怠，找到了职业幸福感。高效课堂的灵魂是"相信学生、解放学生、利用学生、发展学生"，教师应该从哪些方面去构建高效课堂呢？

五、高效课堂的流程

（一）学导结合

1. 展示学习目标

学习目标包括学习内容、理解掌握、灵活运用等，学习目标设计要科学、时间分配要合理，切忌模棱两可；学习目标要贯穿课堂始终，每个步骤都要围绕目标进行。板书要认真、工整、醒目。

每堂课都要设计好学习目标，自学、讨论、展示、检测和最后的总结都要扣紧学习目标一一开展。

（1）学习目标一定要投影展示或板书展示。

（2）学习目标表述要准确具体，可操作、可落实，让学生明确学什么，怎么学。

（3）老师围绕学习目标组织教学，中间和最后要回扣学习目标。

2. 自学指导

课前老师布置导学案，学生独立完成，也可以寻求小组帮助解决；导学案的意义是引领学生自主学习，做好能够有资格积极参与课堂学习的准备，使课堂学习变得好学、主动、积极。导学案的完成过程和小组讨论解决问题的过程都是学生把老师提出的问题积极转化为学生自己问题的过程，有了自己问题的主体意识，就有了强烈的解决问题的欲望和求知欲。

（1）教师要对学生的课前预习进行有效指导，在导学案上给出恰当的预习建议。

（2）在课堂上教师将内容问题化，以导向明确的问题引导学生学习。

（3）一定要明确时间及要求，布置的任务一定要具体。

（4）在学生自学过程之中，教师要在各小组间巡视，针对学习过程中出现的各种问题进行及时引导。

3. 学生的"学"要体现三个理念

（1）每个学生都要以良好的心态发掘自己的潜在智能，学会独立自主地去获取知识，去探究、解决问题，学会选择适合自己的有效学习方式，在挑战自我中学会自我管理、自我完善。

（2）每个学生要大胆尝试、勤于动手，学会"做中学"，通过亲历事实索取反思体悟，从而获得真正属于自己的知识。

（3）强调在与同学、教师的交往沟通、合作探究、团结拼搏中，进行资源共享、交流分享，学会用合力提升自己，用合力促进共同发展。

4. 教师的"导"要体现三个倾向化

（1）教师要做到教学内容的"问题化"。发现问题比解决问题更伟大，问题的设计要符合学生的"最近发展区"。"最近发展区"的教学概念是苏联教育学家、心理学家维果茨基在 20 世纪 30 年代提出来的，且为教育界普遍认同。维果茨基的研究表明教育对学生的发展能起到主导作用和促进作用，但需要确定学生发展的两种水平：一种是已经达到的发展水平；另一种是学生可能达到的发展水平。这两个水平之间的差距称为"最近发展区"。显然，学生的"最近发展区"应是教师开展教学活动的起点。将教学内容转化为问题，问题切入"最近发展区"，可以培养问题意识，激发自主探究，促进合作交流，成为学生建构知识的开始。

（2）将教学内容"操作化"，使"做"、"想"、"讲"结合，以"做"促进"想"，以"讲"梳理"想"，帮助学生内化学习内容，成为高效课堂的保证。

（3）将教学内容"结构化"，加强学科整合，揭示内容联系，形成认知结构，使之成为学生学习的结果。

（二）合作探究

1. 小组讨论

（1）各小组长搞好各小组的控制与管理，作好探究问题结果的记录、整理、展示，确保高效且有深度。

（2）讨论的时间要合理，既不能蜻蜓点水式又不能漫无边际，要做到收放自如。

（3）教师一定要及时参与到小组中去，和学生共同探讨、交流，了解学生存在的问题，为下一步展示作准备。

2. 展示

以小组为单位展示小组研究成果，充分交流学习体会，从而进一步解决问题，内化知识理解和正确思维；成果展示是一种可以极大提高学生积极性的有效课堂。初中生都喜欢把自己最好的一面展示给大家，对于一些物理学在生产生活实际中的应用部分内容和一些实验内容，分小组在全班展示自己的学习探究成果是每个孩子都会积极参与的课堂，在这些课堂上有很多孩子会有一些超出老师想象的表现。

（1）各小组要主动展示，做到积极有序，迅速把问题"聚焦"。

（2）展示要有重点、有分类、能脱稿。

（3）展示方式可口头，可书面板演；要求必须简洁、有条理，重点突出；声音洪亮，语言简练。

（4）非展示同学要学会倾听，学会整理，有事可做。

（5）教师认真倾听，注意捕捉学生的闪光点和错误，为点评作准备。

3. 疑难点拨

凡学生能够独立解决的问题就不进行合作讨论，凡通过合作学习、讨论交流能解决的问题教师就不需要讲解，教师的讲解和点拨只发生在学生需要时。

（1）其他同学注意补充点评，大胆质疑，有质疑才有提升。

（2）对于学生的精彩点评，教师要给予恰当的鼓励。

（3）善于追问、引导、补充、总结（规律和方法）。

（4）老师点评适时适度，深入浅出、含金量要高。

（5）不和学生"抢风头"。

（6）注重即时评价，一评知识点，二评情感态度，三评过程方法、

（三）检测提升

要留出时间让学生做当堂检测题，题量要适中，形式要多样化，并有针对性，坚持重在实效的原则。就学生而言，学习中获得的感知必须多次重复呈现，才能促进理解，而理解的知识通过应用，才能牢固掌握，有利于技能、技巧的培养。练习要重点强调典型性，有代表性，一道典型题能把一个或几个知识点概括，以点带面，有辐射功能，解决一类问题。练习从深度、广度上都要有梯度，要注意"变式"的

应用，使学生真正能把知识消化吸收并加以提高。通过基础性训练，检验学生知识掌握情况，弥补缺欠。通过拓展训练、综合性题目，提高学生运用所学知识解决问题的能力及创新能力。高效的练习不但能巩固知识，形成技能，还能培养学生独立思考的能力、克服困难的意志，对学习兴趣和探索精神的激发，科学思维的培养，学习质量的提高都起着至关重要的作用。

（四）总结反思

学生或老师对课堂所学进行反思、归纳和总结。留给学生整理学案、理解记忆的时间，由学生个人或小组或师生共同对本节所学习的内容进行梳理和总结，整理完善本模块的知识系统。

1. 由小组总结，教师再作总结，并教给学生整体把握一节课内容的思路和方法。

2. 课堂评价教师要对本节课作总体评价，课后要写出教学反思。

有人把高效的课堂形容为知识的超市、生命的狂欢，超市体验的是对"学生"和"学习"的尊重性、选择权、自主性，同时要求课堂呈现出丰富性和多义性，琳琅满目、各取所需，谓之知识超市。"知识的超市"表明了学生在学习中具有浓厚的兴趣，享有主动权，而不是被动地接受知识。"生命的狂欢"则表明了学生在学习过程中的学习态度和情感体验。高效课堂中的学生是在幸福地、主动地学习知识。从"知识"到"生命"，课堂立意的变化带动课堂价值追求的"质变"。课堂是学生成就人生梦想的舞台，是展演激扬青春的芳草地，是放逐心灵的跑马场。

总之，"以生为本"的课堂，在追求高效的同时也是立足师生生命、生活、生长的课堂。这样的课堂洋溢着生命的活力、生活的气息、生长的律动，这样的教育流淌着学生的幸福、教师的幸福、家长的幸福。这是优秀的教师和优质的教育应该追求的境界。

第十一章　强化教育科研

在当今教育的新形势下，教育科研越来越显示出它的重要性，它是目前基础教育改革的客观要求。科研兴校、科研兴教已成为了人们的普遍共识。开展好学校教育科研工作已经成了学校工作的重中之重，做好教育科研工作成了校长繁忙工作中的一件大事。

纵观教育的发展和教师自身的发展不难发现，教育教学活动必须以教育科研为先导，这是现代教育的一个重要标志，也是开展素质教育的客观要求。从某种意义上说，教育科研一直是学校教育教学改革与发展的不竭动力。时代呼唤着一线教师的职业角色深刻地转型：要做教育家，不做教书匠。每位教师都应当有一个科学态度与研究精神，善于在实践中发现问题，并通过教育科研对这些问题作出理性的回答。

一、中小学教育科研存在的问题

虽然近年来中小学教育科研工作取得了一些成绩，但是从总体上看，中小学教育科研整体水平仍不够高，远远不能适应教育发展和改革的需要。我国中小学教育科研工作主要存在以下几个方面的问题：

（一）从观念上来看，中小学教师普遍存在对科研工作的认识误区。

误区一，搞教育科研是专家学者的事，是专门机构与专业人员的事。很多中小学教师认为，自己只是教书匠，充其量"传道、授业、解惑"，搞教育科研只会分散自己的时间和精力，影响教育教学质量的提高。

误区二，学校领导重视不够。学校管理人员只是把教育科研与评先进、评优秀挂钩，把科研工作的进行作为考核教师的手段之一。这会导致一部分教师错误地认为，教育科研只是证明个人能力的一种方式，是提高工资的一种手段，是换取名誉的一种途径。

误区三，不少中小学教师把从事教育科研工作简单地理解为发表论文的数量多少。他们盲目地通过在各种期刊上发表论文来证明自己的科研能力，甚至为了增加发表论文的数量，不惜把钱花在不知名的期刊上。

（二）学校教育科研在实施过程中存在问题。

教育科研工作在实施过程中存在的问题比较严重，主要表现在以下几个方面：

1. 从教育科研的管理方面来看，学校管理者忽视对教育科研的过程管理。很多学校出现这种情况，只重视立项和结果鉴定时的管理，忽视整个教育科研工作各个环节的监督和管理。一些教师教育科研课题申报成功，获得立项以后，科研工作就立刻进入停滞状态，申报人员将其放置一边，学校管理者也没有进行指导和管理。直至结题阶段，申报人员才开始找资料，补记录，编写研究报告，东拼西凑，整理出一套材料，拿到一个国家、省级或市级的奖状或证书就告一段落。因此，中小学的教育科研管理不能只停留在对课题的监督、检查、成果的鉴定上。

2. 教师在教育科研过程中理论指导不足。中小学教师在日常的教育教学过程中积累了丰富的教学经验，但是也正是因为如此，中小学教师缺少足够的时间及时学习先进的教育科学理论。一方面，他们掌握的教育理论和方法较少或者比较肤浅，难以用先进的教育理论来指导科研工作，另一方面，即使掌握了一些教育方面的理论或方法，大部分中小学教师也无法用他们所掌握的这些教育理论分析解决实际遇到的教育问题，因为他们经验丰富但理论基础薄弱。

（三）科研经费不足造成教师参与科研主动性不高。

一般来说，对于各级规划的课题，相应的管理部门应给予适当的经费支持。但是，科研经费现状是，科研所需要的经费远远高于管理部门所给予的数量，中小学教师申请的科研项目要想出成果，除了需要付出大量的时间和精力外，还需要投入大量的资金。这在很大程度上影响了中小学教师参与科研活动的积极性和主动性。

（四）研究成果价值偏低。

中国教育学者郑金洲曾经指出，中小学教育科研存在"有行动无研究、有研究无成果、有成果无转化、有方法论无具体方法、有定性无定量、有叙事无提炼、有课题无问题、有师本无校本、有分析无元分析"等基本问题。

教育研究成果价值偏低主要表现在以下几个方面：一是对许多重要教育理论和实践问题的研究还相当薄弱，有的还近乎空白；二是教育科研对提高教育教学质量的功能没有充分表现出来。科研的宗旨是要改进实践。教育科研应该为提高教育教学质量、增强教学效果服务，真正以改进教学为目的的科研活动并不多。

通过以上四个方面的论述我们可以看出，我国的中小学教育科研工作总体水平不高，已无法适应新形势对中小学教育科研的工作要求。

二、加强领导，造就一个强有力的教育科研队伍

实践证明：只有学校领导干部具有较强的科研意识和能力，并亲自参与课题研究，才能够带领全体教师结合本职工作，开展教育科研活动，形成全校性教育科研的氛围，以推动学校教育教学改革一步步深化。因此，学校领导干部是学校教育科研工作的组织者和核心力量。

教师要想成为教育家，要探索教育教学的高境界，没有科研能力是不行的；学校要想打造品牌，要想成为特色名校，没有科研的支撑也是不行的。教育科研虽然不等于教育决策，但教育科研是为教育决策服务的，是实现教育决策科学化、民主化的根本保证，是学校教育改革与发展的强大动力。校长首先要是研究者，才可能成为合格的领导者。校长的积极参与是学校教育科研不断深入的先决条件，也是全体教职员工实现教育思想现代化的基础条件。

学校领导和专业科研人员固然是科研队伍的核心，但没有广大教师参与就不会有广泛的基础。而要形成一支高水平的科研队伍，关键是使全校教师具备科研意识，增强科研信心，提高科研能力，这需要学校领导充分发挥领导智慧，健全教育科研制度，在机制、人员、经费等方面予以保证。要充分发挥学校教科室相关人员的作用，要充分调动一线教师参与教育科研的积极性和主动性，要善于利用各种教育资源，助推学校教育科研工作上台阶。

三、完善科研管理制度

教育科研的规范化管理是实现学校教科研工作健康有序、高效运行的关键。因此，就要重视建立科学的管理制度，通过完善以"激励"为主要特征的教育科研工作机制，推动学校教科研的发展。

一是完善学习培训制度。为了帮助教师们加快实现由"经验型"向"学者型"、"研究型"的转变，把学校教科研工作扎实开展起来，就要十分重视对教职工教科研能力的培养。积极鼓励教师参加各种层次的学历进修，特别是研究生学历进修和专业技能培训，以提高教职工的专业理论水平和实践能力，为他们开展教科研活动奠定坚实的理论基础。

二是完善目标管理制度。目标管理是通过具体有效的措施，把教科研确立为教师自我发展的目标。为此，依据学校发展规划，制订教师教科研的年度目标，并把它和教师年度工作质量考核相挂钩。

三是完善过程管理制度。制定《教研室考核办法》、《课题（项目）管理办法》和课题研究汇报制度、学术委员会工作制度、学术交流制度等教科研过程管理的具体措施。在课题管理中采用全过程管理的办法，明确了课题研究工作从"立项审批、中期管理、资源调控、信息共享到成果鉴定"的各项管理要求。学校还每年组织 1～2 次优秀论文评选、科研课题、校本教材等评奖活动，经常组织教师开展示范课、创新课和说课比赛。通过过程管理，能及时了解教师教科研的进展程度，起到了促进竞争、调动工作积极性的作用，从而确保了教育科研工作的组织到位。

四是完善成果奖励制度。学校制定《教科研成果奖励办法》和《学校教科研先进集体和个人评选办法》，对公开发表的学术论文、获奖论文，结题和获奖的各级各类研究课题，正式出版的教材和学术专著，获奖的校本教材，各级各类教学竞赛获奖者等都给予不同等级的奖励。同时，对在学校及以上组织开展的教科研学术带头人评选和教科研先进个人评选获奖者也给予一定的奖励。这些对教科研成果进行奖励的措施，较大程度上促进了学校教科研成果的出现，繁荣了学校教科研的局面，推动了学校教科研水平的提高。

四、营造教育科研氛围，树立科研兴校意识

1. 学校科研工作定位。

全面实施素质教育，形成学校办学特色是我们追求的目标。多年探索、研究、反思学校教育教学工作，使我们深刻感觉到，提高办学品位和档次，形成学校办学特色必须以教育科研为先导，走内涵式发展道路。实践证明，开展教育科研促进了教师教育观念的转变，大大提高了教育教学效益，推动了学校管理工作的科学化，有效地提高了教师专业素质，同时还使教师感受到教育教学的乐趣。科研先导是唯一选择，科研兴校是必由之路。必须从发展的战略高度谋划学校科研工作，坚持科研为学校教育教学改革、为教育科学发展服务的指导思想。为此学校确立了"以教育科研为先导，走科研兴校之路"的强校思路。

2. 增强教师科研意识。

科研先导、科研兴校要成为广大教师的共识。必须使广大教师牢固树立教育科研是教育发展第一生产力的思想。《中共中央国务院关于深化教育改革，全面推进素质教育的决定》特别指出教师"要遵循教育规律，积极参加教育科研、在工作中勇于探索创新"。为此要积极营

造学校科研氛围，学校科研处创办了《教科研文摘》，通过专家讲座、外出学习、校本培训和校会、教研组、学科备课组活动组织教师学习、讨论。目前学校教师学习现代教育理论、开展课题研究已成为广大教师的一种自觉行为，开展校本科研已成为广大教师的共识。老师们在教育实践中切身感受到开展教育科研、探索教育规律，有利于提高自身的专业素质，有利于提高教育教学质量，有利于全面实施素质教育。

3. 积极面对转型，探索教育科研工作新途径。

当前的教育，正处在一个重要的转型时期。包括从传统的学校管理向现代学校制度的转型，从"以教定学"向"以学定教"的转型，从纸质的教学资源向电子书包的转型，从教师是教学内容的传授者向教师是课程的建设者的转型，从为孩子未来的幸福奠基向为孩子今天的幸福奠基的转型等等。国家、市、区的中长期教育改革与发展规划纲要，描绘了未来十年教育发展的新蓝图，这些都需要积极实践，加强研究，切实把握教育规律和学生成长的规律，以战略性的眼光找到教育发展的"内驱力"。

当前的教育科研，也有了新的生长点。项目这种新的研究形式，越来越被大家所认可，并积极付诸于实践。和教育科研课题相比，项目的最大特点是和工作的紧密结合，项目既是具有工作推进要求的研究，又是具有研究要求的工作，边研究边培训边实践，项目推进和工作要求同步开展，相得益彰。

五、建立教育科研激励机制，加大教育科研经费投入

要改变中小学教师进行科研工作的功利思想，调动中小学教师参与教育科研的积极性、主动性，就必须建立教育科研激励机制。通过教育科研激励机制，引导中小学教师端正进行教育科研的态度，积极投身于教育科研实践。

一方面，学校必须本着公平、公正、客观的原则来评价成果的价值，不能根据发表文章数量来评职晋级，否则会挫伤一部分真正想从事研究的教师的积极性，影响研究结果的价值和实用性。

另一方面，学校可以设立"教育科研专项基金"，为中小学教师提供充分的科研经费支持，使教师在从事科研工作时无后顾之忧，从而提高教师从事教育科研活动的积极性。

六、重视教育科研成果的推广和应用

正如前面所提到的，科研成果价值偏低是当前中小学教师教育科研工作较为普遍的现象。很多教育科研成果对教育实践中急需解决的热点、难点问题，未涉及或未作深入研究，大部分提出的研究成果仍然是口号式的，虽然有些道理，但是可操作性很低，实用价值不大。事实上，评价一项科研成果是否具有价值应该看其对本校甚至中国的教育教学工作的改进是否有帮助，其现实意义尤为重要。

只有科研成果面向实践，才能发挥应有的价值。因此，教育科研成果是否运用到学校实践中去，是判断教育科研活动是否具有价值的关键。当然，只有通过教育科研活动，中小学教育教学工作的质量才能不断提高。

七、抓校本教研，解决教学实际问题

校本教研是以校为本，以教师为主体，多元参与的有组织与自发的针对教育教学中的具体问题或指令性的问题，开展多形式、多途径的自主与合作、引领与培训自研相结合的，在一定程度上体现校本文化的、具有综合效应的教研活动。新一轮课程改革的实施，催生了校本教研，校本教研的扎实开展又促进了学校的发展，加速了教师的专业化成长。

抓校本教研的有效模式，即大课题（区级以上）带动、小课题深做、常规教研夯实的三级助推策略。

（一）大课题带动策略

大课题带动策略的作用主要有以下几方面：一是营造了教研氛围。

氛围很重要，它来之不易，一旦来了，就预示着可持续发展。不少学校反映，在课题研究之中，许多教师都能对课题研究中的一些问题或者解决问题的具体办法各抒己见，畅所欲言。这就是氛围，这就是我们所期盼的无形的成果。二是使教师们有了研究意识。经济、文化和教育的落后，使教师长期以来形成了按部就班、照本宣科的匠人气，没有"为什么"和"怎么样"的追问习惯，缺乏研究的意识。通过课题研究，不少教师有了研究的意识，这是质的飞跃，是最大的成果。比如，对教材中某一项具体的内容，不少教师有了"编者为什么要设置这样一项内容"、"这个内容能够发挥一些什么功能"、"为什么要把这项内容设置在这个地方而不设置在别的地方"、"为什么以这样的方式呈现而不以别的方式呈现"等思考，而这些思考最能说明教师确实有了宝贵的专业研究意识。三是推动了校本教研。校本教研的内容是很丰富的，不仅仅是课题研究，通过课题研究带动并促进了学校的整体研究。通过几年大课题带动策略的实施，以校为本的多内容、多形式、多层级、多主体研究逐渐蓬勃开展起来。

（二）小课题深做策略

大课题涉及的学校虽然不少，但涉及的教师比例不可能很大。因为大课题对于大多数教师来说，要求较高，形式规范，程序较多，实施起来还是有相当难度的。而且在几年的大课题实施当中，一些问题也逐渐暴露出来。比如，一些学校贪大求全，教研过程华而不实，甚至弄虚作假。小课题深做策略，不仅可以较好地解决大课题研究中出现的问题，而且更为重要的是，小课题是大多数教师都能做的研究，可以把广大教师的研究积极性调动起来，以研究的姿态进入工作，自己解决实践中的问题。在扬长避短、继续做实、做深大课题的同时，提倡、鼓励、号召广大学校和教师都来做小课题研究。

在实践中总结出，小课题主要来自教育教学以及管理实践中出现的具体的、真实而又有一定价值的小问题。也有少量小课题是大课题即县级课题的子课题，当然这些子课题也必须适合不同教师的工作实际。小课题研究的主体是问题的提出者。它的直接价值取向是改进实践，而不是发现规律性的东西。解决小课题的基本程序是：问题→假设→验证→结论。即首先是发现并提出实践中的问题，然后提出解决问题的假设方案，再把方案拿到实践中去验证，最后得出结论。这个程序比较简单，教师们容易掌握和操作，而且前两个程序可以是隐性的，即存在于研究主体的心中，第三个程序可以独立进行，只有第四个程序一般来说应该用文字呈现出来。这样，一是可以促使教师不断积累和进步，二是可以供他人借鉴。当然，随着研究的深化，也可以把整个研究程序分别用文字描述出来，但文字不能太高、太多，实用即可，让教师说真实的、自己的、简单的、有依据的话就行，不说空话、假话、套话。

（三）常规研究夯实策略

如果说大课题研究是少数教师可以做的，小课题研究是多数教师可以做的，那么常规研究就是每一个教师都可以而且应该做的。何谓常规研究？说白了就是没有上升到、没必要上升到、可以不上升到、不愿意上升到课题"高度"的研究。它的主要研究形式是思考，价值指向依然是改进实践和提升专业素养，其静态的成果形式是多样的，比如教学反思、教育叙事、教育日记、课例分析、说课材料、讲座稿件、评课文字等。这些研究看起来形散，但都由"研究"之魂凝聚着。教师其实就生活在常规研究之中，如果能够深刻地意识到这一点的话，其成长的速度将会更快。

八、学校教育科研过程中应注意的几个问题

（一）在教科研的动机上，要克服"功利"，注重"内需"

当前学校教科研中的问题所在便是功利色彩太浓，学校的教科研成了相当多的学校生存和发展中的点缀，成了教师在评定职称中的砝码。中小学教育科学研究从一度的"不敢涉足"、"浅尝辄止"到"校校有课题"、"人人搞研究",教师们为"职称"、"晋级"所左右而匆忙写作,华而不实、徒有虚名的"课题成果"随处可见。这种"装点门面"、"金玉其外"的教科研动机,是对教科研的本质缺乏全面、正确的认识所造成的。学校教科研的根本目的是为了提高教育教学质量,课题研究必须从教育教学面临的突出问题中选题,从日常的教育教学中选题,从成功的教育教学经验中选题,从教师自身课堂实践的矛盾冲突中选题。只有这样,才能生成先进的教育思想、精湛的教学艺术,才是教科研真正的"科学性"与"方法论"。

(二)在教科研的选题上,要避免"跟从",注重"创新"

教科研的选题反映整个研究的价值,引导着研究的方向,也制约着研究工作的程序和方法。中小学教科研的基本任务是解决中小学教育实际工作中的具体问题。"教育实践"是中小学教科研课题的主要源泉,也是一线教师研究的重点。尤其在"走进新课程"以后,教育理念的巨大变革,课程资源的开发挖掘,教学模式的重新构建,教学内容的优化组合,教学方法的择善而从,师生关系的重新确立,教学评价的多元化趋势等无不是课题选择的"源头活水"。但是目前学校和教师在教科研选题上"跟从"别人的多,加以创新的少,课题选择缺乏创新意识和时代特征。众多课题并无太多差异,有特征、有个性的少,重复研究、低层次研究的多。如"研究性学习"、"自主性学习模式"等课题遍地开花、大同小异。或者"穿新鞋走老路",或者"穿别人的鞋,走别人的路",唯独失去了自己的个性。其实,具有"创新意义"的课题研究,是具有"校本"、"师本"倾向的,必须就学校及教师本身教育实践中的问题进行调查、归类,找出共同特点,再结合先进的教育理念对其进行修正、提炼,去伪存真。问题筛选→经验提炼→资料寻疑→现状分析→意向转化,是教科研选题的一般方法,"创新"也伴随其间。

(三)在教科研的实施上,要减少"形式",注重"过程"

教科研的实施，是一个从假设到验证、再到推广，或者是调查研究、经验概括、实施推广的过程。它追求的是实践中的探索，注重的是过程中的实效。目前，教科研活动中追求"形式主义"的太多，主要表现在：

1. 重视了"方案"和"报告"的撰写，而忽视了实施过程的历练，方案和报告写得尽善尽美，"理论"、"原则"叙述详之又详，而具体操作过程避重就轻，蜻蜓点水，整个实施成了"哑铃"状（重两头轻中间）的畸形怪胎。

2. 重视开题及结题时的"轰动场面"，而无视实施进程的厚积薄发。开题及结题时，专家云集，嘉宾满座，而具体的操作过程却清汤淡水，平时大量的研究工作往往被搁置一边。

3. 即使是关注"过程实施"，很多学校也喜欢大规模、大动作，通过大型公开展示，不惜花费大量的财力和精力，聘请导师来校"指点迷津"，希望能让老师茅塞顿开，快速成长。诚然，以上做法的出发点也许是好的，专家指点确实能保证课题实施的规范性，名师引路又能确保少走弯路。但一个课题的实施乃至于一个教师的成长，更需要自身大量的实践活动，需要经历一个艰苦磨炼的过程，哪怕是实施中的失误与偏差也是很宝贵的研究成果。因此，在专家论证、名师指导后的"操作过程"、"自我练兵"是万万不能忽视的。只有扣住"研究内容"，层层推进、步步深化，由表及里，去伪存真，才能使教科研方案的假设及成果的呈现珠联璧合，浑然一体。

4. 在教科研的评价上，要力戒"浮华"，注重"实效"。

这里指的教科研的评价，主要包括两个方面：一是对课题研究本身的评价，二是学校对教科研评价机制的确立。

在对课题研究本身的评价上，目前出现的"浮华"之风，主要表现在重视物化成果，忽视"推广辐射"。对于广大中小学教师来说，从事的主要是"应用性研究"，研究的主要方法是"行动研究法"，研究的目的在于应用，并在应用中再进行研究、改进和发展，这样的研究才是最有价值和意义的。课题"研究"并不是主要为了集结论文、展示成果、获得奖项，而是为了积淀经验、形成反思，提升理念、形成规律，并加以总结、推广。

在形成教科研评价机制上，要在提高教师的主体意识，引导教师志愿参与，倡导教师及教研组间的合作竞争，形成浓郁学术氛围上下工夫，通过机制创新激励、塑造、发展和凝聚教师在"新"字上做文章，在"实"字上求真效。这样，才是中小学教科研的真正价值所在。只有这样，才能真正实现"科研兴校"的宏伟目标。

总之，广大中小学教师，应立足本职，立足自身实际，努力学习，勤奋钻研，注意挖掘和发现工作中出现的问题，联系有关科学理论，开展力所能及的科研活动，积极撰写科研论文，逐步提高科研能力，努力使自己退出"教书匠"行列，逐步锻炼跨入到"科研型"甚至"学者型"教师的行列。

中小学教育科研课题研究是一项长期的工程，同时，它也是全面实施新课程改革的科学保障。我们只有坚持从工作实际出发，围绕教育教学实践中的问题，确定研究的课题，把课题做实、做好、做出特色，才能让课题研究在提高教育教学质量上，真正发挥其助推器的作用。

第十二章　加强后勤管理

学校后勤管理随着教育现代化工程的不断推进，教育思想现代化，教育发展水平现代化，教育体系现代化，办学条件现代化，师资队伍现代化，已经在中小学得到实现。成套的现代化教学设备已走进中小学，学校后勤是学校管理体系的重要组成部分之一。它具有社会性、经济性、服务性、时间性、复杂性、知识多科性等特点。学校后勤工作状况如何，不仅关系到对全校师生的服务水平、质量和效果，也体现出学校整体管理水平，关系到学校的稳定与发展。

一、学校后勤管理工作的重要作用及基本功能

（一）后勤管理工作的重要作用

学校后勤管理工作在学校管理和发展中具有基础性、保障性的重要作用。所谓基础性是指后勤管理的对象以不动产为主，是对办学基本条件的管理，没有这些基本的物质条件和基础，就无法办学。所谓保障性，就是说只有学校后勤工作做好了，才能为正常的教育教学提供必要的物质基础；只有做好学校的后勤工作，才可以使学校的设施、设备和物资、校舍等，得以充分有效的利用，从而逐步提高办学效益；只有做好学校的后勤工作，才可以为全校师生提供一个良好的生活、工作、学习条件，使他们解除后顾之忧，一心一意地搞好本职工作；也只有做好学校的后勤工作，才能把校园校舍管理得有序、整洁、美观，可以使全校师生员工工作、学习时心情舒畅，休息时愉快、安逸。因此，学校后勤工作是办好一所学校非常重要的基础工作和保障工作。

（二）后勤管理工作的基本功能

现代管理学认为，"管理就是由一个或多个人来协调他人的活动，

以便收到个人单独活动所不能收到的效果的活动。"这个管理概念表明，管理工作的中心是管理其他人的工作；管理工作的主要目的，是通过其他人的活动来收到工作效果。比如说食堂管理员的工作，是通过协调厨师、杂工、卫生工和保管员等下属员工的活动来完成办好食堂的目的，而不是管理员自己去炒菜、拖地板，实际上他一个人也干不了。那么，他实施管理所取得的效果肯定比他亲自干的效果强很多。这说明个人单独活动的效果是无法与管理活动的收效相比的，也就是说，个人的单独活动在功能上受到了限制，必须通过管理活动才能实现功能上的突破，收到应有的功效。

就学校后勤管理而言，具有计划、组织、控制、服务、教育五大基本功能。

1. 计划功能

学校后勤管理工作是有目的的活动，要求我们自觉地为着某种目标而努力工作，因此，在管理活动开始时，首先是提出目标和实施步骤，这就要求作出计划，指导管理活动，使管理工作减少盲目性，增强自觉性，充分发挥管理功能的效率。如：年度经费预算，基本建设规划等，又如教学工作中的教学计划、训练计划等等，这为完成管理目标、建设目标、教学训练目标奠定了基础。

2. 组织功能

前面讲到了管理不是一种个人的单独活动，而是一种团队活动，是有组织的活动，具有组织功能。通过组织功能使管理活动有序化、规模化，这种功能一旦发挥就能提升整体的实力。这在市场竞争激烈的今天尤为重要。

3. 控制功能

管理要实现一定的计划目标，必须实行控制，以保证各项活动按计划按要求加以实施。"没有信任，什么也别干；没有控制，什么也干不成。""信任好，控制更好。"这里引用了总务处《员工手册》的前言部分，它形象地说明了控制功能的作用和必要性。可以通过制定和执行《员工手册》，规范行为，营造公正、和谐的氛围，从而实现内部的制约与平衡。

4. 服务功能

由于学校后勤在学校工作中的特殊地位，决定了它的管理活动的特殊任务，这就是常说的"三服务"：为教学服务、为科研服务、为师生员工服务。学校后勤不仅具有行政管理职能，也具有服务职能，同时兼事业和企业的性质，这就决定了学校后勤管理与服务的多重性，要求开展多种形式的管理和服务。总务处既有为学校管理房产地产、环境绿化、水电设施、基建施工、车辆使用等行政管理职能，同时它也承担着水电暖供应、日常维修、医疗保健、客货运输、餐饮百货、文化娱乐等服务与经营的职能。哪里有学生的身影，哪里就有后勤人的工作和奉献。

5. 教育功能

学校后勤是为学校教育服务的。正由于学校是一个教育部门，它的中心任务是培养建设人才和接班人，"两育人"，即管理育人和服务育人，就是学校后勤管理教育功能的具体表现。从教育的目标上看，学校后勤管理的教育功能与学校的教育功能是一致的，只在内容、方法和途径方面有差别。学校教学管理通过课堂教学实现教育功能，后勤管理通过提供优质服务实现教育功能。

如：组织"后勤杯"篮球、足球赛等文体活动，既加强后勤与学生的沟通和联系，又培养了学生的团队精神和竞争意识，实现了学校后勤管理的教育功能。

综上所述，学校后勤管理的五大基本功能，反映了学校后勤管理的一般功能和特殊功能的统一。服务功能是学校后勤管理的最基本功能，决定了学校后勤管理目标和经营服务理念的特有要求。

二、加强学校后勤管理工作的意义

学校后勤管理工作作为学校管理的重要组成部分，它是利用学校的人、财、物、时间、空间等管理对象要素，为学校的正常教育教学活动的顺利开展，为师生的工作、学习、生活等提供物质保障，从而达成学校目标的社会实践过程。

由此可见，学校后勤管理工作对整个学校管理活动的意义可具体表现为以下几个方面：

1. 做好学校后勤管理工作是办好学校的物质保证。

俗话说："兵马未走，粮草先行"，建设一所学校要有必要的物质条件。作为学校后勤管理部门，不仅要从经济上、物质上保证教育教学活动的顺利进行，而且它还可以为师生创设良好的环境，使其专心致志地从事学习和工作。如果没有学校后勤管理的配合与合作，学校的教育教学工作就失去了物质保障。

2. 做好学校后勤管理工作有利于促进学生的全面发展。

优美怡人的校园环境本身就是一种教育资源，它有助于陶冶学生的情操，培养学生的责任感和集体感等美德。学校各类教育教学设施的管理良好，也有助于学生形成向往学习、主动扩大知识面的良好态势，从而发展学生的智能。各种设备配置科学、符合标准，都有助于学生良好生理、心理的健康发展，如宽敞明亮的校舍教室、整洁卫生的食堂伙食、规范高效的安全卫生制度等。同时，学校后勤工作人员的工作态度和行为，对学生也起着潜移默化的教育作用。所以，做好学校后勤管理工作，使其真正发挥管理育人、服务育人、环境育人的作用，对促进学生的全面发展有着十分重要的意义。

3. 做好学校后勤管理工作有利于调动教师的积极性。

积极改善教师的工作条件和生活条件，解除他们的后顾之忧，这是调动教师积极性的重要举措。做好对教师的后勤服务工作，使他们能集中精力和时间搞好教育教学工作，这不仅是教师工作的需要，同样也是教师情感和自我实现的需要。

4. 做好学校后勤管理工作有利于提高教育资源的效益。

学校后勤管理不仅是为学校提供必要的物质条件，更重要的是要认真研究和整合有限的财、物、环境等要素，使其发挥增值效应，更好地为学校的工作目标服务。这才是学校后勤管理工作的根本目的。

三、学校后勤管理的重点工作和要求

学校后勤管理工作的内容十分广泛和丰富，概括地讲就是六个字：用好钱，管好物。具体可分解为以下几方面的工作：

1. 校园绿化、美化和保洁管理工作。创设良好的校园环境，搞好校园文化建设，包括校舍的整体规划和施工，校园环境的洁化、绿化和美化工作，校园文化的构建、营造和布置等工作。校容校貌朴实、简洁、明快，校园环境建设与校园文化建设有机结合，科学规划，合理布局，校园的绿化覆盖率达到国家有关部门的规定要求。学校要逐步形成具有自己特色的校园文化，有意识地开发保护老校园、老建筑，努力打造绿色校园、书香校园，促进学校育人环境的改善和学生生态意识的提高。

2. 学校食堂食品卫生管理工作。学校食堂直接关系到师生的身心健康，是学校后勤管理工作的重点。学校要建立校长为第一责任人，分管校长主抓，总务、后勤主任具体抓的学校食堂管理领导小组。组建学校食堂膳食委员会，定期召开学生生活委员会、教师代表会和家长代表会评议伙食，及时纠正食堂经营过程中存在的问题。坚持学校食堂公益性原则，加强食堂规范化、精细化、科学化管理，健全各项管理制度。加强食堂财务管理，规范建账，严格成本核算。制定学校食堂供餐规范，明确数量、质量和操作标准，实行学生营养餐计划，对家庭经济困难的寄宿学生予以补助。建立食堂粮、油等大宗物资定点采购制度和采购索证登记制度，健全食堂安全保卫制度、食品留样制度、生活用水卫生安全检测制度；强化食品储存、膳食加工制作、

从业人员定期体检等制度；建立食堂炊具、餐具及厨房、餐厅定期消毒制度；强化锅炉定期检测、锅炉安全使用记录和定期维修保养制度；完善学校食品卫生安全工作预警、预案、隐患排查和事故责任追究制度等。加大对食堂食品卫生安全各个环节的监管力度，消除食品卫生安全隐患，杜绝学生食物中毒事故的发生。

3. 学生宿舍管理工作。学校要建立健全学校领导带班值班制度及各项宿舍管理预案，实行 24 小时值班和夜间不少于 2 人的值班巡查制度。学生宿舍定期消毒、通风，配备防火防盗安全设施。学生宿舍应实行封闭式管理，男女生宿舍应分区、分幢或分单元布置。学生宿舍一律不准留宿客人，禁止住校生在外合租居住，未经批准一律不得在校外留宿。学校要指导学生自我管理，建立有特色的宿舍文化。

4. 学校用品集中采购供应管理工作。向师生提供工作、学习、生活的各种后勤保障工作。包括提供各类教学用品、办公用品、学习用品、生活用品，饮食管理，各类教育教学设施设备的添置等。学校所需的办公用品以及学生用品等要实行集中采购供应制度，努力提高资金使用效率。学校要依据规模和条件，建立与教育用品相匹配的学校总务库房，健全库房物资管理制度，严格出入库手续，规范运行程序。

5. 学校固定资产管理和使用工作。建立健全校产管理制度，搞好学校各类物资的管理工作。包括各类物资的申请、审批、购买、验收、登记、领用、保管、维修保养等工作。配备配齐校产管理总管理员和部门管理人员，明确岗位职责，按规定设置固定资产账簿。学校所有固定资产要清理登记、建账立卡，新增和减损固定资产要手续规范、及时入账。维护好学校各种基础设施，保证学校日常教育教学活动的需要。

6. 学生统一着装管理工作。要根据上级的通知精神和要求，认真做好学生统一着装工作。区县教育局实行学生校服配备审批备案制度，凡配备学生服装的学校必须填写《学生服装配备审批表》，报区县教育局后勤管理办公室审批备案。在开展学生统一着装工作时，各学校要充分做好宣传工作，要坚持学生自愿原则，并向学生及其家长发放"明白纸"或《征求意见卡》，不得强迫或变相强迫学生定做。

7. 节能减排管理工作。做好开源节流、增收节支的工作。学校后勤管理工作很大部分是花钱的事，因此，做好开源节流、增收节支的工作就显得尤为重要。

加强用水用电管理，提高节能意识。提倡使用节能灯具、节水开关。在主要用电、用水场所，张贴节能、节水标志及标语口号。节约使用空调等高耗能设备，空调温度调节应不低于 26℃。要加强水电照明等设施设备的检查，责任落实到人。加强学校车辆管理工作，杜绝公车私用。制定学校节能减排工作方案，并认真落实好各项节能措施，确保学校的能耗降至最低水平。

8. 校园风险分散管理工作。学校校方责任保险、城镇居民医疗保险是市场经济条件下进行学校风险管理和控制的基本手段。各学校要规范管理使用好校方责任保险、城镇居民医疗保险，处理学校发生的安全责任事故，防范和妥善化解各类校园安全事故责任风险。制定实施"校方责任保险理赔办法"，明确校方责任保险、城镇居民医疗保险的申报、赔付程序，解除学校、家长的后顾之忧，减轻学校办学负担，维护校园和谐稳定。

9. 做好学校安全保卫管理工作。包括学校门卫的管理、各类设施设备、校舍的安全性能、学校电器电线的安全使用、饮食卫生安全、各种物资的防盗、防失等工作。

10. 学生生活养成教育。在学校后勤管理工作中，要注重培养学生良好思想品德、行为习惯和学习风气；在劳动实践活动中注重培养学生的劳动观念、安全意识和创新意识；在食堂就餐时注重培养学生文明就餐、勤俭节约的习惯；在起居生活中注重培养学生讲究个人卫生、讲究整洁和生活自理能力；在校园活动中注重教育学生爱护一草一木，不随地吐痰，不乱扔纸屑。开展丰富多彩的活动，通过举办礼仪比赛、文明就餐、整理内务等活动，使学生学会生活、学会劳动。

11．做好各项后勤管理制度的制定和完善工作。包括制定各种后勤工作职责、各类校产管理制度、各类后勤工作制度、检查考评制度等。

四、加强后勤管理工作的方法

（一）确立目标、建设制度、规范管理

学校后勤管理需要确立明确的目标、规范化的管理制度、严格的督促检查，才会取得较大的实效。

目标是行动的方向，以目标为导向，以人为中心，即对不同层次的管理人员实施目标管理，以目标管理的绩效来评估管理人员，对后勤管理来说，可行、准确的目标可以正确引导后勤人员进行高效的经营运作。

制度建设对规范后勤管理十分重要。制度对于人们的行为具有强大的导向功能，它告诉人们做什么，具体怎么做。完善照章办事的工作制度，一方面要加强制度建设，做到有章可循；另一方面要严格落实岗位责任制及奖惩措施。要通过平时考核和定期考核，切实做到奖优罚劣。如在学校后勤管理上坚持校园"巡视制"、后勤服务"回访制"，后勤人员常深入实际勤检查，发现问题及时处理，防患于未然；热情为师生员工办实事，坚持每周到年级走走，主动关心师生员工的生活，主动了解老师的心声，听取老师的意见，做到上传下达，不流于形式；超出职权范围的请求则尽快向校长转达并向老师反馈，在问题解决过程中，后勤人员要多次进行回访，力争把工作落到实处，及时为师生排忧解难。同时配合学校的中心工作，尽可能把各项服务内容、服务项目、服务方式考虑得周全些。

提升后勤服务质量，不仅要建立规章制度，还要完善规章制度，更要落实规章制度。严格按照规范执行各项制度，制度才有效力，管理才有效果。否则，制度只是一纸空文。形成规范、和谐的后勤管理模式，才能"人尽其才，财尽其力，物尽其用"，才能以最小的投入、最低的物质消耗，取得最大的效益。

（二）培养一支团结、合作的工作团队

后勤在学校中虽然只是一个工作部门，但它有别于一般的处室，可谓"摊大、人多、事杂"。因此，培养一个好的工作团队，是做好学校后勤管理工作的基本保证。一是要选好"班长"，要不拘一格选拔管理人才，让善于管理、清正廉洁，能秉公办事、富有实干精神的人员负责后勤管理工作。二是要实行工作人员岗位培训制度，不断提高后勤人员业务素质，在后勤人员中形成良好的职业道德规范，用真挚的感情去关心、体贴服务对象，缩短服务者与被服务者之间的心理距离，使师生对后勤人员产生信任感和亲切感。

"后勤"一词从字面上理解带有"幕后的勤务员"之意，这就要求后勤工作人员在从事后勤管理活动中必须树立服务意识、奉献意识、勤快意识、务实意识。

1. 树立服务意识。服务育人是后勤管理部门有别于其他部门的显著标志。后勤工作人员要将"服务"两字贯穿于工作之中，努力做到主动服务、超前服务、微笑服务、规范服务，从而实现优质服务的工作目标。

2. 树立奉献意识。后勤工作人员从事的服务工作是繁杂的、琐碎的，有时甚至是别人所不易察觉的一些幕后工作，这就要求后勤工作人员要克服功利主义、私利主义，全心全意地为学校的发展，为师生的工作、学习、生活提供服务，不计得失，不图小利，廉洁奉公。

3. 树立勤快意识。作为后勤工作人员必须进一步转变工作作风，平时要努力争取多走走、多看看、多问问、多想想，及时了解师生需要后勤服务和帮助的事项，及早发现问题，及时予以考虑、解决，要对工作加强思考与计划。互相间要加强团结合作、相互配合，要努力克服"等、靠、拖"等消极思想。

4. 树立务实意识。作为后勤工作人员必须时刻把"想师生所想，做师生所需"作为工作的目标和动力，扎扎实实地做好各项后勤服务工作，要努力克服华而不实、敷衍了事等工作态度。每月或更短时间召开一次工作例会，全面总结和反思工作中存在的问题，对师生提出的要求要尽量满足，尽量办好，对因客观原因无法完成或无法及早完成的工作也应向师生做好解释说明工作。

（三）引入竞争机制，优化后勤队伍

一是实行全员聘任制、岗位责任制和校内结构工资制，打破人员任用的终身制；二是要建立竞聘上岗，双向选择、择优录用，实现"岗定人、人定职、职定责、责任包干"，灵活机动的人事管理体制。在聘任过程中，遵循"两个机制"和"两个原则"，即建立"以人为本"的"公平、公正、竞争、择优"的全员聘任机制和建立重实绩、重过程、重贡献的分配机制。坚持尊重个体劳动成果和集体劳动成果相结合，体现按劳分配的原则和坚持"德才兼备，用人唯贤"的原则。

（四）管好钱物，讲求经济效益

学校需要一定的经费和必要的物质条件，固定资产增加，教育经费充裕，办学条件改善，则有利于教育质量的提高。因而必须管好钱、财、物，讲求经济效益。首先，要合理使用学校的经费、设备，充分发挥它们的作用，提高利用率。学校领导要以身作则，模范执行财务制度和纪律，对一切不符合规定的开支要予以制止。其次，要实行经济公开，建立必要的民主监督机制。定期向职代会公布学校管理费用收支情况，主动接受职工监督。再次，要实行财产管理责任制，学校要设专人负责全校财产管理，建立财产分类账，各部门要建立财产分户账，并规定必要的领用手续和制度。

（五）坚持以人为本，凸现服务功能

管理即服务。人是管理的第一要素。在学校管理中后勤人员具有双重性：既是接受管理的客体又是承担管理和服务中"育人"的主体。他们若能主动热情为师生提供超前、优质、高效的服务，学校的后勤工作就会得到师生的关心、配合和支持，就会形成相得益彰的管理效应。因此，调动后勤人员的积极性和创造性是非常重要的。学校的管理者要善于运用科学而艺术的工作策略，变简单的行政命令为指导激励，把学校的整体目标和后勤人员个人的目标指向正向融合起来，营造"校兴我荣，校衰我耻"的校园风尚，使后勤人的积极性能充分迸发出来。学校最大的人群是学生，学生是接受教育的对象，更是学校三个文明建设的主体力量。人本意识能否在学生身上落实，是决定学校管理成败的关键。管理者只要把人的文章做好了，人的积极性调动了，后勤管理就会到位，后勤工作的服务功能就会真正得到彰显。

（六）合理安排工作时间

后勤管理活动诸要素中，时间不同于人、财、物能够择优选用，也不同于物资那样能调整分配。时间具有不可逆性，对管理活动是极其重要的。

1. 要做时间的结合者。后勤管理人员不仅要做到当天的事，当天完成，而且应该认识到，今天耗用的时间不只是为完成正在做的工作，同时还得为明天将做的工作打基础，为未来作好准备。

2. 要善于掌握自己的时间。后勤管理人员要在有限的时间内，最大限度地做好工作，提高工作效能。一要计划工作用时。什么时间内做什么，什么事情何时做，做到心中有数。二要分清工作主次。把众多的工作排出顺序，依次办理。三要把握工作的内在联系。实际工作中的不少事情往往是有联系的，要善于把有联系的工作结合起来办理，决定相应的实施措施，可以节约时间。

3. 要善于处理上下关系中的时间因素。布置任务时要有时间限制。约人谈话要把握时机。对待请示、汇报要及时处理，做到计划、实施、检查、总结相结合。

只要坚持选好人，用好钱，管好物，惜好时，稳妥加勤奋，就一定能做好学校后勤工作，促使后勤工作更好地为教育教学服务，为全体师生服务。

五、建立学校后勤管理工作督导检查机制

1. 建立健全学校后勤管理工作的长效机制。要进一步重视和切实加强学校后勤管理工作，建立健全后勤工作人员的管理、培训制度。分级开展对后勤管理人员的培训，特别是要开展有针对性的岗位培训，不断增强后勤工作人员的服务意识、效率意识和育人意识；发扬奉献精神和创新精神，提高后勤管理队伍专业化水平。

2. 建立健全学校后勤管理工作督导评估机制。要把学校后勤管理工作列入年度教育工作目标管理，纳入全市教育督导评估范围，作为评价学校、校长工作的重要内容。后勤工作人员的考核要与校内职称评定、岗位聘任挂钩，对成绩突出的予以表彰奖励。市教育局制定学校后勤管理工作评估细则，分阶段有计划地在全市开展"后勤管理示范学校"、"优秀后勤管理工作者"评选活动，对先进单位、个人进行表彰。

总之，学校后勤管理工作是学校工作中的重要"板块"之一，其工作落实到位与否，直接影响学校教育教学质量的高低、社会效益的好坏。因此，作为从事学校后勤管理工作的一分子，在具体工作实践中，对后勤管理工作意义的升华、内容的把握、要求的履职等方面是其业务"充电"的重要内容，是提升自我素质的"必修课"。进而，达到更好地为教育教学提供优质服务的宗旨。

第十三章 积极开展校本研修

伴随着我国新一轮基础教育课程改革，一个崭新的概念走进中小学校园，这就是"校本行动"。

校本行动是一个系统的学习运作模式，它包含了校本课程、校本教学研究、校本教师培训等。在教育教学实践层面，又出现"研训一体"的校本研修。

教育部全国教育系统干部培训"十二五"规划指出：开展对校本研修管理的研究是"十二五"中小学校长培训的重要课程。校本研修，既是学习基本管理制度改革的重点，又是促进教育改革发展和教师队伍建设的根本。实施校本研修是校长管理学校的重要职责。

组织引领教师开展校本研修，在教师个性化研究的百花中酿造研究氛围，为教师的群体研究搭设各种平台，为教师的学习和研究解除后顾之忧，这些责任非校长莫属，这些任务非校长莫能。教育教学实践不是教师单枪匹马的实践，教师的校本学习和研究也不是纯个人行为。校本研修的宗旨是培养研究型教师和打造学校的研究生活，这两项任务的完成离不开教师的群体努力，如果没有教师群体参与的氛围，如果不是每个教师从不同角度切入问题，如果没有教师在研究中的交流和共享，校本研修将是一个空壳。那么应从哪些方面进行校本研修呢？在新一轮教育改革与发展的进程中，要使校本研修真正成为推进新课程、有效促进教师专业成长和提高课堂教学质量的重要支持力量，并化为每一所学校和教师的自觉行动，还有许多问题值得进一步探索与实践。

一、概念的辨析

首先，什么是校本？按照专家的观点，校本就是"为了学校"、"在学校中"、"基于学校"，通俗地说就是在校本部，在学校里。那么，校本是不是一定就是在一间学校里呢？不一定，这太狭隘，应该是就学校而论，只要是学校里哪怕是校际间交流也是为了学校，也可理解为校本，而不是其他科研机构开展的。

研修。《辞源》上说：研，学习、遵循；著作、撰写。修，磨、碾；研究、探讨。针对学校教育工作而言，是想通过学校管理者、学校教育科学研究、教师的研究，提高教师教学的能力，解决问题的能力，能解决教育教学中的具体问题和困难，熟练应用已有的知识，服务于教育教学，又在教学和管理中提高自己，不断地更新自己，逐渐构造自己的教学风格，提高教育教学质量。

（一）校本研修的含义

什么是校本研修？又可称为"校本培训"。是基于学校，为了学校，发展学校的研修。是立足职场、源于问题、自主研究、团队互动、区域统领的教师专业发展模式。可以从以下几个方面来理解：

1. 学术性界定

所谓"校本研修"，是指以学校教育、教师工作中存在的实际问题为切入口、着眼点，以预定目标和学校、教师的发展规划为基本方向，以满足学校内教师的专业发展需求为根本目的，以学校自身力量、资源优势为主要依托，在学校、教师自我反思的基础上，在教师发展共同体（教师的相互作用、影响）下，进而在教育专家的指导与专业引领下，由学校自行设计与策划安排实施的一系列、分阶段、有层次的教师教育（包括教师培养、教师培训、教师进修及教师继续教育）与教育研究（包括教学研究及常规教研、教育科研）有机融合的促进学的过程与活动。核心是学校"教研、科研、培训一体化"。

2. 实践性界定

所谓"校本研修"，简单地说，就是以学校为基地的师资培训或教师教育，即学校以教师互教式，与教学研究、教育科研融合在一起，以提高教师教育教学能力为主要目标的教师教育活动。综上所述，校本研修，顾名思义，就是为了学校的发展，为了学生的发展，为了人的终身发展，在学校中通过开展教育教学研究，如进行同伴互助、专业和专家引领、实践中反思等解决教育教学中的问题，不断地更新自己的知识，逐渐地构造自己的教学风格，提高教育教学质量。

3. 关于校本研修与校本教研

前几年对校本教研谈得比较多，什么是校本教研呢？校本教研，以校为本的教研，是将教学研究的重心下移到学校，以课程实施过程中教师所面对的各种具体问题为对象，以教师为研究的主体，理论和专业人员共同参与。就是为了改进学校的教育教学，提高学校的教育教学质量，从学校的实际出发，依托学校自身的资源优势、特色进行的教育教学研究。

校本研修不仅仅包括了校本教研，还包括了教师的培训和教育。校本研修的外延比校本教研的外延更宽，包括的内容更丰富。

（二）校本研修的基本特征

1. "为了学校和教师的发展"

这是"校本研修"的根本目的。"校本研修"的目的是促进学校、教师的发展（实实在在、一点点、一步步、看得见的发展）。表现在"改进学校的课程与教学，提升办学水平和教育质量，促进教师专业化发展和提高"。

2. "基于学校和教师的发展"

这是"校本研修"的基本问题。"校本研修"的问题是学校、教师在实际中发现、思考和迫切想要解决的问题，而不是由专家批示的问题，甚至是看起来很小、别人以为很肤浅，但必须研究与解决的问题。表现在"学为主体，学校研修在促进学生发展的同时，也要有促进教师发展的功能"。

3. "通过学校和教师的发展"

这是"校本研修"的主要对策。"校本研修"的对策："在学校（以在学校为主）由教师（以教师为主）有组织、有针对性地（包括学习、培训、进修）进行教育研究（包括学科教研、教育科研）工作，从目的、内容、形式、活动到管理等方面有机融合在一起，实现研与修一体化，进而促进教师专业化。""以学校所面临的突出问题和学校发展的实际需要为出发点，依托自身的资源优势和特色进行教师教育。"简单地说"学校和教师的问题，主要由学校和教师通过'研修'来解决"。

（三）"校本研修"三大要素

1. 教师个人：自我反思（实践反思）。即教师对自我教学行为及结果的审视和分析过程。自我反思是建立于教学经验基础上的，是校本研修活动的起点，是承担"校本研修的个人责任"的具体落实，教师只有在回顾的基础上提出问题，才能在实践中去解决问题。

2. 教师小组：同伴互助（共同发展）。同伴互助是校本研修的基本形式，它是建立在教师之间合作的基础之上，力求通过合作互动，同伴之间相互影响，以团队的形式进行研究。

3. 教育专家：专业引领（专业提升）。校本研修的实质是理念和实践的结合，校本研修虽然基于学校，对学校问题进行研究、提升，也需要专家的专业指导和学术支持。

（四）校本研修的原则

1. 以校为本的原则

（1）校长和教育教学的中层组织是研训的发起者和组织者，在研修中起主体作用。

（2）教师不必脱离工作岗位，转换角色，在学校就可以接受全面的研修。

（3）因校制宜地制订校本研修的方案、计划，建立校本研修的管理制度、评价制度、激励机制，从而保证校本研修的针对性和实效性。

（4）贴近学校的教育教学实际，要有常规性的全员研训模式和非全员性个别化的研训模式。

2．校长负责原则

（1）校长是校本研修的组织者和管理者。

（2）校长是校本研修的引导者和学习者。

3．教师需求原则

（1）坚持满足教师群体和个体的需求，以需定训。

（2）坚持共性和个性相结合，以求定训。

（五）校本研修的目标

1．促进教师发展

（1）教师群体发展，提升教师队伍水平。这里要从学校发展目标中去研修教师群体。

（2）教师个体发展促进教师群体发展。这里要区别对待。

2．推进学校的发展

（1）教师专业化成长是一个循序渐进的发展过程，因此校本研修是学校组织发展的重要目标。

（2）以校为本的高质量教师队伍是校本研修实效性的唯一体现，对提升学校的办学质量最具实际意义。

（3）校本研修有助于校本教育行动研究，学校在此基础上更具有发展活力。

（六）校本研修的特点

校本研修是教师继续教育的方式。

校本研修与师范院校的学历教育、教师培训机构的集中培训、学校的校本培训等诸多教师教育方式一样，都是致力于促进教师的专业化发展。我们倡导组织教师开展校本研修，并不是要否定或取代其他教师教育方式，而是为教师专业发展开辟新的道路。

二、校本研修的重要性和必要性

校本研修，是"为了学校、在学校中基于学校"的自主学习方式。它以实践性知识和实践智慧的获得为重要特点。它是一种培育专业见识的"临床教学研究"，这种教师自身所计划、实践的教学研究，具有学习"教学"的性质。其本质是意义的构建。

首先，实施新课程，落实综合实践活动课程，需要教师的校本研修来提高。对于目前的中学来说，尤其具有重要意义。在综合实践活动课程的师资方面，遇到了不小的困难与障碍。作为新课程实施的一个重要方面，从课程本身的需要来看，需要大批的教师来参与。综合实践活动是国家设置、地方管理、学校开发的课程领域，课程开发需要相应的能力，要求教师具有广博深厚的文化素养，具有高度的责任感和教育素质。另一方面，由于评价制度的滞后，学校没有投入大量得力的教师来进行课程开发，使综合实践教师的编制、待遇、工作量的计算、业务水平的考核尚无一定标准，这些都是课程本身对师资建设提出的要求。

其次是学校发展的需要。科研兴校、科研兴教一直是很多学校追求发展的一条成功之路，对于一所学校而言，综合实践活动课程是学校文化的有机组成部分，集中体现了学校的特色和传统，在特有的传统氛围中，教师和学生耳濡目染，又将这些传统融入到学科教学中，为学校教育发展奠定良好的基础。还有不少社区资源的开发也有利于促进学校的发展。如充分调动学生家长和社区人员的积极性，使他们有效参与校本课程开发和实施。这种与社区直接的接触势必会增加课程资源的内容。

而通过课程内容中的学生的社区实践活动，也会大大地促进社区的发展。

第三是教师自身发展的需要。教师专业化发展的需要日益紧迫，提供适当的培训，给予教师参与开发课程的机会，是每一个教育工作者都乐于接受的。在传统的教学中，教师只是在单一的国家课程管理中被动地执行，而在三级课程管理中，课程开发的主体是教师，其开发过程要求教师在分析学生学习的生理、心理的基础上进行，这要求教师心中要有学生，同时综合实践活动所涉及的领域也决定了课程的实施方式、评价方式不同于原来学科课程的单一方式。因此教师只有通过实践，与课程专家合作接触、与其他教师相互协作、与学校领导积极交流、与学生共同探究等形式，结合教师自己对活动的反思，不断累积课程开发的能力。经过一个时期的实践和探索，基于学生的兴趣和经验，直面学生进行的教学活动，要求教师学会研究和从事研究，将学生、教学活动和课堂情境进行研究。这种对教育理论和实践的健康的怀疑，使教师在教学实践过程中密切关注理论的构建和实践的反思。

此外，教师职业的一个很大的特点就是单兵作战，在教学活动中，教师常常依靠个人的力量来解决课堂问题。而综合实践活动课程要求教师能够与其他教师、与学校领导、与学生、与课程专家、与社区人员合作。因此，它引发了教师集体行为的变化，在一定程度上改变了原有的教学组织形式和分工形式，改变了教师的工作方式，加强了教师间的合作。综上所述，校本研修势在必行。

三、校本研修有效性的实施策略

（一）促进教师自我反思的有效策略

反思是开展校本教研的基础和前提。教师的自我反思是以自己的教学行为为思考对象，对自己在教学中所作出的行为以及由此产生的结果进行自我审视和分析的过程。这种反思不是外部强制的结果，而是教师因充满对事业的热情，对学生的热爱和对自己职业价值的珍视所表现出来的一种关注、一种反省、一种透视、一种追求。同时又是结合具体的教育教学情景，对经常性关注的教育教学目标有意识的思考。因此，反思是在一种理性的环境和氛围中实施和完成的活动，是一种理论与实践的对话。美国教育心理学家波斯纳提出了一个教师成长公式：成长＝经验＋反思。我国著名的心理学家林崇德也提出了一个教师成长的模式：优秀教师＝教学过程＋反思。他说："如果一个教师仅仅是满足于获得经验而不对经验进行深入的思考，那么即使有 20 年的教学经验，也许只是一年工作的 20 次重复。"可见自我反思对于促进教师专业化发展的意义特别重大。那么，如何促进教师反思？在实践中探索出了三种有效策略。

1. 抓"亮"点反思

教学中常常有"不曾预约的精彩"，这样的亮点既具有科学性，又具有艺术性。我们要求教师对课堂的"亮点"不能只是"开心一刻"，而要进行深入的反思，要把它提升到理性高度，充分挖掘它的内蕴和价值，概括出规律性的东西。例如，某教师在讲《掌声》一课时，引导学生体会英子的内心，预设了这样一个问题："英子一摇一晃地走上讲台，她的心情是怎样的呢？"学生用了"难过"、"难受"之类的词来回答，显得比较肤浅。于是她来了一段激情的对话："同学们，你们看，英子来了！她一摇一晃地走来了！这十几米的距离对于英子来说真是太远太远……5 米、4 米、3 米……英子终于站在讲台上。此时此刻，你看到了一个怎样的英子？"这一情境的创设，引导学生真正走进了英子的内心世界，引发了学生情感的共鸣，学生的体验十分深刻而精彩！这位老师在反思中这样写道："……即兴的情境创设收到了很好的效果……语文是学生栖息的家园，语文最终的意义是对学生心灵的滋润、灵魂的塑造和精神的引领。在课堂教学中要引领学生走进文本的深处，让学生以主体的身份去触摸课文精彩的内蕴，情不自禁地去感受、去体验，让他们以自己独特的感情和经验模式介入和参与到文本的解读中去，这样学生才能自由地、尽显个性地在对话、交流、感悟中绽放智慧的花朵，才能愉悦地在课堂中进行生命的飞翔和超越。"

在反复的实践中，可以总结出抓"亮点"反思的一般模式：情境——理念——策略——启示。它的反思过程是：第一，亮点是在什么样的情境下产生的，在反思时要对情境进行生动的描述。第二，课堂中亮点的出现，它背后支撑的理念是什么，反思时要寻找符合哪些新的理念。第三，课堂中采取了什么样的策略才产生了"亮点"，在反思中要提炼出有效的策略。第四，教学"亮点"给我们带来什么启示。反思时，要总结它的意义和价值，领悟其意蕴。

2. 抓"常"点反思

课堂教学中有些行为往往习以为常，几乎大家都这样做，甚至认为无可指责。其实，有些行为与现代教学理念是相悖的。只有进行深入的反思，在实践中采取"反常"行为，才能走到现代教学的轨道上来。例如，在课堂上，老师让学生回答问题时经常这样说："请告诉老师，你是怎么想的?""请告诉老师"，这样说到底有没有问题? 请看王老师的反思："谢校长今天听了我的课，又提出了'告诉老师'不符合现代教学理念。因为这是第三次提到，所以我进行了深思。的确，新课程教学理念倡导课堂中师生是平等的关系，教师只是引导者、组织者和合作者，只是平等中的首席，而'请告诉老师'是'以教师为中心'、'以知识为中心'这些传统观念的体现，这样不利于同学之间的对话与交流。学生不听同学的发言，教师凭什么去批评、指责呢? 只有'请你告诉大家'才能促进师生、生生之间的交流。看来一句习以为常的话折射出两种不同的教学观念啊!"

在实践中，总结出抓"常"点反思的一般模式：传统行为——观念比较——改进策略——教学意义。它的反思过程是：第一，在教学中有哪些语言或教学行为不符合现代教学理念。第二，进行新旧教学思想观念对比分析。第三，寻找改进的策略，过去是怎样做的，现在应该怎样做。第四，揭示它的意义。

3. 抓"败"点反思

教学是一门遗憾的艺术，即使是经验十分丰富的教师，讲一堂课往往感到有些不足，如果再教一次，自信会教得更好。教师经常反思自己教学行为的不足或缺失，并从理性的高度反思教学中"败"点的原因，则"知明而行无过矣"。每听一节视导课、观摩课、研讨课、竞赛课，对于"败"点要一问到底，采取"一评、二问、三辩、四写"的办法，促进教师增强反思意识，提高反思能力。

在实践中，总结出抓"败"点反思的一般模式：出现问题——产生原因——教学重构——启示作用。它的反思过程是：第一，在教学中出现什么不足，留下了什么遗憾，要把问题找出来。第二，从问题情境、教学理念和教学策略等方面来分析这个问题产生的外部环境和内在原因是什么。第三，如果再教一次，将如何解决这类问题？如何改进教学行为？第四，在解决这类问题时获得了什么启示？

学校运用反思这一策略，增强了校本研修的实效，走过了"被动反思——主动反思——理性反思"的转变历程，形成了"抓亮点反思——点点闪烁锦上添花，抓常点反思——看似寻常善于超越，抓败点反思——汲取教训走向成功"的反思特点。实践证明：教师从反思中找回了自我，他们重拾研究的拐杖，通过反思教学的成与败、得与失，走上了通向研究型教师的幸福之路。

（二）促进教师同伴互助的有效策略

同伴互助是教师与同行的对话，是校本教研的标志和灵魂。校本教研强调教师在自我反思的同时，开放自己，加强教师之间以及课程实施等教学活动上的专业切磋，实现思想的增量、观念的增值、互助的增效，达到经验分享、共同成长之目的。同伴互助的关键是真情互动。如何促进教师间的真情互动？我们采取了以下四种策略：

1. 建立合作小组，落实组本研修，促进组间互动

组本研修是促进同伴合作最好的形式。组本研修落到实处，校本研修就有了实效。因此，学校按照年级、学科的不同成立了14个合作小组，全力推进组本研修。在实践中，组本研修有四个关键环节必须把握住：其一，要精心设计研究的问题。问题是导向，没有问题就没有针对性，同伴间的交流就会变成"聊天"。问题从哪里来？来自于新课程实施的热点问题，来自学校面临的突出问题，来自学生发展的核心问题，也来自教学实践中的矛盾与困惑。例如，本学期二年级语文组确立了"口语交际模式形态研究"，三年级语文组确立了"段的教学有效性研究"，三年级数学组确立了"学生参与学习的实效性研究"，四年级数学组确立了"算法多样化与算法优化问题研究"。这些问题不是经过一次研究就能解决的，而是要经过观察、思考、实践、反思，再实践，再总结，对问题进行深入持久的研究，才能达到研究的目标。其二，要策划研究的流程。组本研修活动的开展要有一个基本的程序。经过多年的探索，我们设计了下面的流程图：提出本次研究的中心问题——小组内交流自己的看法——总结出共识性的看法、可行性的策略——提出需要进一步探讨的问题，并作为下一次研究的中心问题。其三，要提供组本研修的样本。组本研修到底怎样开展，教师们有一种"雾里看花"的感觉。为此，选取了五年级数学组开展的"小组合作学习有效性研究"作为样本，经过资料收集、方法指导、活动策划等充分的准备之后，正式开展组本研修活动。通过把研究过程进行摄像，并整理成文本材料，供各个小组学习。有了样本，教师们可以先模仿，再创造，加快了教师对组本研修从认识到实践的进程。其四，要建立教师互动制约机制。组本研修关键是教师之间的交流和互动，

这是实现思想增量、观念增值的重中之重。"你有一个思想，我有一个思想，交换后，每个人可能有了两个思想。"你有一个思想，我有一个思想，如果不进行交流，还只有一个思想。为了促进教师互动，拟订了教师"互动促进法"：①领导到组督促指导；②教师互动交流作好完整记录；③教师在组本研修中没有发言，该次活动视为没有参加，扣除该次组本教研津贴；④进行教师智慧大搜索，每月由组长汇报在组本研修中所碰撞发出的"闪光的思想"、"精辟的论述"，让组本研修中的思想火花在更大的范围内交流与推广。

2. 开展辩论竞赛，进行观念碰撞，促进深层互动

过去，在省、县教研室的组织和指导下，参加过多次教育观念辩论赛，我们认为这种形式是最精彩、最激烈的教师交流互动方式。从教师反思的问题中汇集选取具有对抗性的论题，组织正反方进行辩论。如数学学习也能体现文化味——数学学习难以体现文化味；低年级学生不能进行合作学习——低年级学生能够进行合作学习，提高校本研修的实效关键在教师——提高校本研修的实效关键在领导。辩论的规则不限，形式多种多样，可以是一对一，也可以"舌战群儒"。这样的辩论引发了教师多角度、深层次的探索和思考，把校本研修激活了。

3. 开展研究沙龙，进行情景对话，促进真情互动

沙龙式研究是一种自主的，没有隔阂的，没有戒备的，没有顾虑的清谈。学校近两年沙龙式研究很红火，兴趣相投的教师常常聚在一起围绕一个话题畅所欲言，产生了许多新的认识。像学校七年级自发组织的课改沙龙，教师们在一起探讨如何将教学理念转化为教学行为，如何转变教师角色，闪烁着许多思想的火花，七年级推出的研讨课，有很多创新的做法是教师们在沙龙研究活动中集体智慧的结晶。

4. 开展结对学艺，组建心灵伙伴，促进真心互动

学校有许多的骨干教师和优秀的教师，这是学校宝贵的校本研修

资源，也是学校开展校本研修的巨大优势。因此，学校组织骨干教师与青年教师结对学艺，目前已经结了 15 对，从理论素养的提高、课堂教学艺术的提高、研究能力的提高等方面进行面对面的交流，他们在交往中成了真心的朋友，在对话交流中成了心灵的伙伴，促进"互助、协作、共进"目标的实现，加快了青年教师成长的步伐。

多年的实践证明，在一个教师群体中，教师的互助合作是重要的交流研讨形式。教师有不同的思想、观念、方法的交流与冲突十分重要，如果一个学校缺乏交流、缺乏合作，对教师来说是一种封闭，对学校来说是一种宝贵资源的流失。因此学校要特别重视对教师不同思想、不同观念、不同行为的支持，重视教师合作交流的有效机制的建立，重视学校对话和学校批评的文化建设，努力营造教师专业成长的和谐空间。

多年的校本研修实践，使教师感到：校本研修是"唤醒"，它是唤醒教师沉睡的生命感和价值感的过程；校本研修是"体验"，它是让教师体验教育教学和生命拓展提升的过程；校本研修是"创造"，是教师对新课程个性解读和实施的过程；校本研修是"文化"，它是一种在长满思想和充满智慧的田野中涵育、拓展、升华的文化。在这块丰美的沃野上，学习型组织在不断成长，专业化的教师也不断成长。

我国经过几十年的不懈努力，已经在"穷国办大教育"的基础上，实现了普及九年义务教育的伟大目标。相信在未来的教育发展领域中经过不断深化改革、大力探讨，一定会取得更加辉煌的成果。在新一轮的校本研修实践中，要大胆创新，用更加先进的理念和方法，开通思路，发现新的问题，为学习和研究打开一个新的天地。

第十四章 透视教师的职业倦怠

美国著名心理学家贝弗利·波特认为，职业倦怠，就是指由于工作过程中所承受的压力过大而导致对于工作的厌倦情绪。职业倦怠问题在 20 世纪 70 年代曾经一度困扰过美国社会，新泽西州教师的联合罢工就是一个很好的例子。也正是由于这次罢工事件，美国政府才开始对"职业倦怠"这一问题表示更多的关注，并将其上升到了"社会问题"的高度。

近年来，由于人才竞争日趋激烈，我国教师的工作压力越来越大，教师职业倦怠现象已十分严重，并已严重危害了教师的身心健康，影响了教育事业的发展。分析教师职业倦怠产生的原因，认清其危害性，不仅有利于教育管理部门调整政策，预防和缓解教师职业倦怠的发生，同时对教师的健康成长也会起到很大的作用。

一、什么是职业倦怠

美国心理学家弗登伯格在《职业心理学》杂志上首次提出了职业倦怠这个词语。他认为，职业倦怠是指个体在体力、精力和能力上都无法应付外界的要求而产生的身心疲劳与耗竭的状态。

人类自进入 21 世纪以来，随着生产力和科技的向前发展，人们面临着重大机遇的同时，也面临着巨大的挑战。随着社会竞争的不断加剧，职业倦怠现象已广泛出现于社会生活的各个领域。据调查显示，教师这一职业，是承受压力最多的职业之一。一直以来，传承文化、培育人才，教师被赋予了崇高的地位。然而，随着社会生活节奏的加快，教师的工作越来越繁忙，工作强度和压力也越来越大，以至于部分教师出现了不同程度的身心疲惫状态。教师的职业状态正在挑战他们对职业的坚守程度。从此，教师职业倦怠这个词汇走进了我们的视线。1979 年，美国国家教育协会首次提到了教师职业倦怠。此后教师职业倦怠现象开始受到众多学者的重视。

教师职业倦怠是指教师不能顺利应对工作压力时的一种极端反应，是教师伴随于长时期压力体验下而产生的情感、态度和行为的衰竭状态。Maslach 等人在该领域进行了大量的研究，她们提出的职业倦怠的三维度模型也得到了最为广泛的应用和验证。她们认为，职业倦怠主要表现为：①情绪衰竭，是个体对压力的评估，表现为个体情绪和情感处于极度疲劳状态，工作热情完全丧失；②非人性化，是个体对他人的评估，表现为个体以消极否定、麻木不仁的态度对待服务对象；③低个人成就感，这是个体对自我的评估，表现为个体对自己工作的意义与价值的评价降低。

二、教师职业倦怠的表现

美国心理学家 Farber 认为，虽然教师职业倦怠可以从情绪衰竭、非人性化和低成就感等三个角度进行描述，但是职业倦怠的行为表现在不同的个体身上表现是不同的。

具体而言，主要有以下表现形式：

1. 在情绪方面，教师表现为持续的精神不振，情绪抑郁，对教学体验倦怠，情绪低落、易怒，内心时感空虚，自我评价低，丧失工作信心和热情，对他人容忍度降低，认为自己的工作毫无意义和价值，对外界和未来过分担心忧虑，对前途悲观失望。

2. 在行为方面，主要表现为厌倦教学工作，减少工作投入，甚至不备课，教学呆板，缺乏创新，尽量逃避教学环境，对学生冷漠，逃避与同事交往或拒绝与其合作，对学校环境和学校管理牢骚甚多，只注重个人待遇和福利，排斥新鲜事物。表现为对新的教学理念、教学方法、教材和教具等不愿接受或者干脆拒绝，坚持用自己的惯性和经验工作，不愿动脑、不愿接受新事物。

3. 自我效能感（成就感）低下。表现为对自己工作意义和价值的评价降低，老觉得自己天天忙，可是又好像没干什么重要的事，没有什么贡献似的，大多数教师可能都有过这种难以言表的感觉。

4. 生理机能上影响健康。生理能量耗竭的状态，如饮食习惯和体重骤变，身体虚弱，对疾病的抵抗力降低，内分泌紊乱，易患各种心脑血管疾病和神经衰弱、失眠等病症，整个人处于亚健康状态。

以上是教师职业倦怠的常见表现，还有很多非常见情况，如突然饭量大增、抽烟、喝酒等。那么教师职业倦怠是由什么造成的呢？

三、教师职业倦怠的成因分析

随着在学校课堂教学岗位时间的日益增多，教师往往不再有从教之初的豪情壮志与理想抱负。与之相反，"为教育事业奉献终身"成为职后一些教师自嘲或嘲他的话语，他们多了对教书育人的淡漠，多了对课堂教学的厌倦，多了对生活与职业现状的无奈，以及对自我专业能力与职业水平的淡然。而且随着工作压力的增加，教师职业倦怠正逐渐从个人问题弥散成群体与制度问题。教师产生倦怠的原因很多，但是无论什么原因，都是要通过教师内心起作用。各种矛盾和冲突在教师内心不断撞击，让教师束手无策、无所适从，出现消极心理，最终产生了倦怠感。因此，形成教师职业倦怠的原因是多方面的，教师职业倦怠是由于多种因素综合起作用的结果，具体说来，包括社会环境、职业特征、教学情境和自身人格因素等。具体如下：

1. 社会大环境的影响

随着社会转型期经济、政治结构的不断调整和整个社会价值观念的嬗变，个人所承担的压力日益增加，价值取向的多元和紊乱使得人们对自己的职业选择普遍缺乏信心和诚心，对职业的抱怨和敬业精神的缺失充斥于各行各业之中，教师也概莫能外。长期以来，"人类灵魂的工程师"这个美誉，给教师戴上了太多的光环，也赋予了太多的使命和责任。诸如宣传教师的红烛精神、春蚕精神等，都是以牺牲作为其本质要素。被树立的教师榜样常常就是奉献得一无所有，甚至是健康和生命。加之，现在社会就业竞争激烈的残酷现实，又进一步强化了家长望子成龙的愿望，并进而转化为对教师的企盼，不允许学校和教师有一点差错。教育主管部门和校长为了提高升学率，通过各种形式向教师要质量、要分数。全社会的期望都压在教师身上，教师越来越难当，不得不牺牲一个个节假日或夜晚休息时间。社会对教师职责的高要求、教师对自己从事教育事业的光荣感、责任感与现实社会中教师的经济地位、职业声望等的矛盾造成的角色冲突，大大增加了教师的精神压力，久而久之，心理失衡，进而发展为职业倦怠。再加上教育往往是投入与产出极不相称，教师的付出多，而学生的成效不显著，使教师不能获得成就感。缺少职业满足感的现实与美好的理想构成了强烈冲突，这种冲突不可避免地产生了职业厌倦感。

2. 教师职业特征的影响

首先，教师的职业特征是一种"无阶梯"的生涯，在漫长的职业生涯中，教师独自一人承担着从备课、授课到批改作业、教学检验等一系列教学活动，除个别教师担任行政职务外，大多数教师数十年重复着平凡、琐碎的教学工作，其参与决策或进行职业反思的机会较少，与成人世界的接触机会也较少，内心难免产生与社会的隔离感。

其次，教师的职业活动具有多重角色性。现实生活中教师往往扮演着多重角色，如教员、领导者、心理保健者、纪律执行者、青少年的知己和朋友等，且每种角色都要求教师具备强烈的责任感和奉献精神。心理学研究证明，个人承担的角色越多，由角色转换不适而引发心理冲突的可能性也越大。

再次，教师职业的价值取向以社会性为主，即教师的付出与回报不是绝对的等价交换，教师不仅要在八小时内承担繁重的教学任务，还要在课堂外对学生倾注更多的精力和时间。据调查，我国中小学教师人均日劳动时间为 9.67 小时，比其他岗位的一般职工日平均劳动时间高出 1.67 小时，其中睡眠时间比一般职工平均少 1 小时，娱乐时间少 0.5 小时左右，积累起来，年超额劳动时间为 420 小时。没有明确的休息时间，客观上加大了教师的工作量，使其疲劳状态不易得到完全消除，日积月累，在身心两方面都容易形成倦怠和疲劳。

最后，教师职业的成果往往具有隐蔽性和滞后性。教育工作是一项"百年树人"大业，相比教师培养人才的艰辛付出而言，教学工作缺乏及时的回报和安慰，这也在一定程度上影响到教师工作的积极性和热情，由此引发职业倦怠。

3. 教学情境的影响

首先，研究证明，学生品行和学习状况对教师情绪有较大影响。由于社会不良风气对青少年的熏染和独生子女家庭对其过分溺爱，当代学生往往奉行自我中心主义，缺乏团队意识、漠视课堂纪律，对师长持对立态度等，所以教师必须花费更多的精力与学生进行沟通和交流，培养其健康心理品质和正确的人生价值观。然而，受社会风气影响，教育效果往往不佳，使得部分教师有较大的挫折感。

其次，作为教师工作主阵地的学校，其组织结构和气氛对教师的心理也有较大影响。一些学校缺乏民主管理氛围，官僚作风严重，校领导与教师缺乏沟通，不关心教师，学校行政人员办事无效率，对教师的合理建议和意见不予采纳、回复，片面把薪水待遇、住房分配等与考试成绩、升学率挂钩等，使教师背负着沉重的包袱。教师置身于缺乏支持性的学校环境之中，产生的压抑感和不满情绪与日俱增。

再次，教育事业虽然受到了社会的广泛关注，国家也出台了一些措施改善教师的生活条件，但其实际待遇并不尽如人意，教师的社会地位、经济收入、工作条件与其他知识分子阶层相比仍有较大差距，教师职业还谈不上为众人向往。从国家到社会对教师的肯定和赞美仍主要来源于其对社会默默无闻的奉献，而对教师的内在需要和发展关注较少。研究证明，教师自我发展需要已成为教师的职业压力源，学校、社会对教师自我成长和发展需要的漠视使得教师对本职工作的发展前景更为悲观。

4. 教师个人因素

教师职业倦怠虽然由工作引发，但也与教师的不正确认知和不良人格特征有关。

首先，对教师"完美形象"的认知误区易导致教师职业倦怠产生。长期以来，由于社会对教师角色的过高期望，教师角色已成为完美的化身，如知识渊博、乐于助人、富有爱心和耐性、性格温和、淡泊名利、人格完美等。一部分教师受此影响，将真实世界中的个人形象同理想中的教师形象等同起来，对自己产生了一种不切实际的过高期望，竭尽全力甚至超过自己的能力扮演着社会期待的完美的教师形象，而这种由高度紧张和高度焦虑维持的"理想"行为，必然带来教师身心的超负荷运转，从而加速教师职业倦怠的产生。同时对教师"完美形象"的错误认识还使得一部分教师讳疾忌医，不承认因工作压力带来的倦怠和每个人都可能遇到的沮丧和失意，拒绝寻求积极的心理支持。

其次，职业倦怠的产生也与教师个体对自己专业能力的自我评价和认识有关。如外控型的教师往往把专业能力的现状归结于不可控的外部因素，对自己进行消极的心理暗示，放弃主观努力，导致越来越丧失信心。另外，拥有 A 型人格的教师，其性格中的不良方面，如怯懦、孤僻、狭隘、缺乏耐心等容易使教师在面临压力时不能采取适当的策略应付，久而久之，形成教师职业倦怠。

四、职业倦怠的危害

教师职业倦怠不但极大地危害了无数教师的身心健康、教师专业发展，而且严重影响教育事业和整个社会的发展。最重要的是对学生产生不良的影响。具体如下：

1. 教学效果下降

教师的身心与疲劳过度，对学生的观察、教育能力就会在无形之中降低，对学生的心理援助、管理指导等精神维持能力也会随之变得低下，当然随之而来的是教育、教学方法的不灵活或出现失常现象，在工作上变得机械，工作效率低，工作能力下降，最终导致教学质量降低。

2. 人际关系紧张

在人际关系上变得疏离、退缩，摩擦增多，情绪充满忧郁和攻击性。有些教师使用粗暴的体罚，急躁的情绪、行为来对待学生，实则是一种身心疲倦，压力增大后所产生的"危险信号"。教师心理疾病会导致严重的后果，有时会给学生带来难以弥补的伤害。

3. 造成自我身心伤害

教师的职业倦怠会造成教师的心理障碍和心理疾病，轻则是教师的消极态度和情绪表现明显，重则会因不良心理状态而引起神经衰弱，或因不堪压力而导致精神崩溃，最终直接影响自己的身心健康。对同事不愿理睬，对学生冷漠，经常觉得自己孤立无援。

4. 教师职业倦怠将会导致教师队伍的高流失率，严重影响教师队伍的稳定和国家教育事业及整个社会的发展。

五、预防和解除教师职业倦怠的策略

教师职业倦怠的结果，对他们自己的工作会带来负面影响，对学生个性的发展也会产生消极影响。美国教育协会主席麦克古瑞感叹"一个重大的新的疾病正在折磨着教学职业"，"倦怠的感觉正打击着无数具有爱心、有理想、乐于奉献的教师"，并预言"如果不能有效地纠正，那么就会达到流行的程度"。学生是教师倦怠结果的最终受害者，由于倦怠的产生，教师会从感情上远离学生，从心理上疏远学生，对学生冷漠、厌倦，实行"放羊式"教育，有的甚至视学生为宣泄的对象，动辄责怪、迁怒，使用粗暴的体罚、急躁的情绪和行为等来对待学生。他们的心情及对生活的态度都会在潜移默化中影响学生，毋庸置疑，倦怠的教师会源源不断地制造出心理不健康的学生。因此，我们要认真对待教师发展中的这种现象，积极探讨解决教师职业倦怠的策略。"治病要治本"，要预防和缓解教师职业倦怠症，应该从教师个人、学校、社会三方面综合考虑，综合治理，教师的职业倦怠症才有望得到预防和缓解。

（一）个人方面

1. 引导教师培养健康人格，摆脱职业倦怠。教师应培养健康的心理，完善自我人格。职业倦怠的产生往往与不健康的心理有关，如自我怀疑、心胸狭窄、自尊心过高（低）、情绪化、敌视他人等等。因此，加强对自身心理健康的维护和人格锻炼，是减少心理挫折和职业倦怠感的根本途径。有关专家认为，对教师心理素质的培养应从师范院校开始，在参加工作后更应经常对教师进行心理健康维护和疏导。

2. 教师应培养积极的自我意识。心理学研究证明，自我接受能力强的人将会积极地避免因现实与理想人格之间的差异而造成的内部冲突，并对外部世界持同等接受的态度，反之，则会因为事情不如所愿而动辄愤怒、沮丧和失望。因此，教师应走出教师"完美形象"、无所不能的思维误区，清楚了解自己的优缺点所在，正视自己的喜怒哀乐，不自我为难和拒绝。培养积极的自我意识，悦纳自己，不过分苛求外部环境，在力所能及的范围内尽自己的努力，在理想和现实中寻找最佳结合点。

3. 教师应改变工作态度，以乐观的心态看待自己的工作。保持做教师的新鲜感，对工作充满热情，对教育事业有执著的追求。教师要认识到教学科研工作是有价值、有意义的，树立坚定的职业信念，以本职工作为荣，恪尽职守，兢兢业业，只有这样，才能克服职业倦怠情绪，不怕辛苦，不计得失，积极从事教育事业。同时应对自己的工作保持适当的期望值，充满一种个人成就感。

4. 教师应积极参加教研活动和进修学习，自我充电，不断提高自己的教学、科研水平。学习和掌握新知识、新技能，不仅可以提高工作效率，增强工作成就感，而且还有助于在工作中找到新的乐趣。身为教师，必须成为学习者。教师的自我充电有助于产生新的教学理念，对教学工作的控制感增强，不仅可以重新唤醒教师对教学、科研工作的热情，也有助于减少教师产生职业倦怠的可能性。

5. 教师应积极寻求支持，建立一个社会支持系统。我们每个人都生活在一个自然组成的社会系统当中，通常情况下，该系统的主要组成部分包括我们的家人、师友、同学以及同事。寻求社会支持是应付压力情感反应的一种有效手段。研究表明，当其他威胁健康的因素发生时，缺乏社会支持的人比那些经常有朋友交往，较多社会支持的人更可能生病或死亡。当个体受到压力威胁时，他人的帮助和支持可以使我们恢复信心。

（二）学校方面

1. 学校为教师的发展提供广阔的空间。教师是职业，更是事业。如果教师仅仅成为职业那是可悲的，只有成为了事业才会产生无穷的动力。现实中一些学校不能为教师提供成就事业的氛围，使教师对事业失去追求的欲望和动力。一些学校领导仅仅把教师看做工作计划实施的一粒棋子，随意摆放，从来不顾及教师的感情和想法。教师也需要有一个施展才华和抱负的场所，要求一个能体现成就感的氛围。只有尊重教师的个性和内在需要，善于和教师进行感情交流，敏于捕捉教师专业发展的多种信息和需求，并利用这些信息和需求将其转化为教师发展的内在动力。在制定政策上，要以教师的工作为中心，优惠政策应向一线教师倾斜，让教师发现自己的工作价值、人生价值，感觉到生命的被尊重和专业自豪感。

2. 学校要树立良好的校风、学风，在精神面貌和敬业精神上给予教师积极影响，从专业水平和教学技能的提高上促进教师成长。学校要对教师进行定期培训，帮助教师更新教学理论，提高教学技能，正确认识职业生涯中的各种挫折，有效控制个人情绪。实践证明，良好的学校氛围能为教师发展提供有力支持，并能激发教师的成就动机，有效预防职业倦怠的发生。

3. 学校管理者特别是校长要关心、支持教师工作，真正做到管理为教学服务。学校还要不断激发教师的工作动机。教师职业倦怠的产生与工作兴趣和动机的丧失有关，因而学校应激发教师内在的工作兴趣和理想抱负，满足教师多方面的需要。如赋予教师参与学校管理的权力，增强教师对学校的责任感，满足其履行不同角色的需要等，让教师担任不同年级的教学工作，拥有更大的自主权，适当增加其工作难度等，往往更能激发其工作积极性，防止职业倦怠产生。

4. 校长还应该利用工会、社团等正式、非正式组织建立有效的横向和纵向沟通链。横向沟通链可使教师之间加强联系，彼此了解，相互信任。纵向沟通链可使教师更深刻地了解学校领导，也可以使校领导更好地了解下属，使相互之间建立起信任。横向沟通的加强，有助于教师之间知识、信息相互传递，不仅能改善教师的人际关系，而且能在相互交流中提升自己的认知水平和业务水平。纵向沟通使教师能充分参与决策，提升对工作的满意度。难怪美国著名未来学家约翰·奈斯比特曾说："未来竞争将是管理的竞争，竞争的焦点在于每个社会组织内部成员之间及其与外部组织的有效沟通之上。"

5. 加强学校内部管理制度建设，优化教师评价体系时，改变管理方式，允许教师参与决策。学校内部管理制度不仅要体现科学性、合理性，而且要充分体现人性化特点。建立科学的教师评价体系，在确立这些与教师密切相关的管理制度和评价体系时，允许教师自主参与决策，充分发挥民主。学校的管理人员，尤其是直接与教师发生关系的管理人员，要注重管理风格，对教师要充分尊重，以柔性管理为主。

6. 校园中为教师建立健康行动计划，创造良好的生理和心理环境，满足教师在工作中的身心需求，提高工作方面的保健因素，减轻压力。学校应该定期不定期地举行各种适合广大教师参与的体育活动，为教师建立体育锻炼的固定场所，使广大教师在紧张的脑力劳动之余，能彻底放松。另外，学校还应提供校内外心理健康咨询服务，减少教师的心理不健康现象。

（三）社会方面

1. 提高教师的社会地位和经济地位。一种职业的社会地位，取决于它的经济地位和职业声望。同时，也决定该职业的吸引力和从事本职业人员的社会地位。要让教师热爱自己的职业，社会必须将"尊师重教"落到实处，切实地提高教师的待遇和经济地位，而不能总是停留在口号的宣传上面。要切实地让教师感觉到，无论在哪里做教师都很有吸引力。只有如此，才能真正地从根本上克服教师的倦怠心理，并对自己所从事的职业产生光荣感和自豪感。

2. 扩大教师专业自主权。经济待遇和工作条件的改善是教师专业发展的物质保证，而专业自主权则是教师专业发展的政治保证。我国教师法明确规定了一些教师的专业自主权，如"教育教学权"、"学术研究权"、"参与学校管理权"、"进修培训权"等。可见，教育专业自主权是法律规定的教师应享有的权利。但在现阶段，教师的许多权利还仅仅停留在"纸面规则"上。因此，充分保证教师专业自主权，对于消除倦怠、提高教育效能将有一定的作用。

3. 正确实行改革。教育改革总是力求推动教育发展，但是改革进程中出现的一些问题也会给教师带来压力。近几年，教育内部的改革也正说明了这个问题，对教师多而繁杂的限制和要求，致使教师疲于应付，根本没有思考的余地，并严重挫伤了教师的工作热情，有的甚至遭到教师强烈抵触。因此，教育改革应采取适当的方式进行，包括请教师提供建议，参与策划，逐步进行改革，为教师提供足够的改革信息等。

教师职业倦怠不是对某一特定事件的即时反应，而是在较长一段时期里，因为社会、职业、学校及个人因素造成了对工作中所遇到的压力在情绪上产生的一种厌恶情绪。长期的压力积累，容易形成"恶性循环"，其危害之大可想而知。关注教师，也就是关注社会，关注未来。教师是一个民族事业的希望，将他们置身于如此不堪重负的心境中，职业倦怠会教育出更多失败产品。所以教育工作者应重视教师的职业倦怠问题，帮助他们缓解压力，减少倦怠情绪，给予他们一个宽松自由的精神空间。同时，教师自身需要不断超越自己，做到多方面的转变。只有这样才能从职业倦怠中走出来，重新焕发精神面貌。健康的教师将会为社会培养积极、乐观、坚韧不拔的人才，为社会注入健康、新鲜的血液，推动社会飞速发展。我们坚信我们能承担起这份责任，我们也能享受到这份闪光事业的快乐！

第十五章　构建平安校园

平安，是金，是基石，是希望，是福祉。校园，是求知者的天堂，是探索者的乐园。

创建平安校园，优化育人环境，为师生成长营造一个平安、健康、快乐、幸福、和谐的学习和成长的环境，让孩子们"高高兴兴上学，平平安安回家"，这不仅是家长的心声，也是全社会的期盼，更是所有教育领导者和工作者的共识和责任。那么如何创建平安校园，营造良好的育人环境就值得我们深思。

一、何谓平安校园

平安校园建设中"平安"的内涵不应是狭义的，不是纯粹意义上的"平安"，而应该是涵盖安全、稳定、思想政治、校园文化和校园环境建设等各方面的宽领域、大范围、多层次的广义的"平安"。平安校园应该是一个民主法治、公平正义、诚信友爱、充满活力、安定有序、人与自然和谐相处的校园。

二、构建平安校园的现实意义

安全需求是人类的基本需要。没有人身财产的安全保障，没有一个平安、有序的教学和科研环境，老师就不能安居乐教，学生就不能专心向学。校园是社会的缩影，是教书育人的场所，是学生学知识、受教育和成才的地方。国家的兴衰系于教育，校园的平安关系到社会的稳定以及千家万户的幸福。

建设平安校园是构建和谐社会的需要。"和谐"是人类孜孜以求的一种理想的社会状态，也是包括中国共产党在内的马克思主义政党的不懈追求。社会由众多单元组成，只有各单元平安和谐了，才能实现社会和谐。

构建平安校园是实现学校发展目标的需要。为了学校持续快速健康地发展，既要加强硬件建设，也要加强软件建设。构建平安校园，不仅使全校的师生员工把主要精力都用在教学、科研和管理上，而且能不断促进硬件建设和软件建设协调发展，最终实现学校的全面发展和进步。

建设平安校园是培养高素质人才的需要。"和谐育君子，险恶育小人。"平安和谐的环境培养美德，使人愉悦，给人以前进的动力，促进人的全面发展和健康成长。这正是培养合格的人才的必要环境。

三、当前校园安全基本情况分析

近几年有关校园的中毒事件、踩踏事件、暴力事件、交通安全事件屡见报端，而且每年的数字呈上升趋势。在2010年，就有有关部门对我国58所高校进行安全情况调查，调查结果显示，这些院校当年共发案11725起，其中在校生非正常死亡的案件达112起。而中小学的校园安全情况同样令人堪忧，教育部、公安部等单位对北京、天津、上海等10个省市的调查显示，目前全国每年约有1.6万名中小学生非正常死亡，平均每天约有40名学生非正常死亡，相当于每天有一个班的学生消失。校园常见的安全事故具体表现为：

不当活动事故：学生在课余时间相互追逐、戏耍、打闹时不掌握分寸和方式方法，使用笔、石子、小刀等器械造成的伤害。

挤压、践踏事故：放学和下课时在楼道、门口等黑暗和狭窄的地方互相争先而造成的挤压、践踏等事故。学校楼房走廊栏杆的高度不符合要求；校园设深水池；体育设备不定期检查、维修、更换，有些危房在带病使用；校园设施老化。

交通事故：不走人行道、随意横穿马路、强行超道、高速骑车等造成的交通事故。乘坐货车或超载车辆而造成车翻人伤亡的事故。

体育活动事故：体育活动或课上不遵守纪律或注意力不集中，活动随意，体育器械使用时不得要领而造成的伤害。

劳动或社会实践事故：在劳动或社会实践中安全意识差，教师没有将安全事故的可能性放在首位。

校园暴力事故：学校安全保卫制度不健全，防范措施不得力，学生受到校外不法之徒的侵害。哥们儿义气拉帮结伙；为小事摩擦使用武力；盲目消费导致偷盗；不良交往拉人下水；少数教师有体罚行为。

消防事故：学生取暖、用电、饮食不当而造成火灾、触电等事故。一是侥幸心理严重，导致老化的供电线路和设施仍在凑合着使用、消防器材不足、楼房过道设计不符合消防规定等等。二是消防知识缺乏，大多数师生不会使用灭火器，消防课极少上，发生火情更不知如何处理。三是管理措施松懈，如学生随便使用电器、煤气、蜡烛等易燃易爆品。

学生身体特殊事故：因学生特殊疾病、特殊身体素质、异常心理状态受到意外冲击而造成的伤害。

自然灾害事故：学生自救自护能力差，遇到暴风雨、地震、洪水等自然灾害无法有效防卫造成的伤害。

卫生事故：学校卫生管理重视不够，工作机制不健全，工作措施不落实，特别是农村学校食堂基础设施条件落后，卫生设施差等问题仍很突出，已成为学校突发公共卫生安全事件的隐患。

设施事故：学校没有定时检查设施，导致学校里存在许多安全隐患。

四、校园安全问题产生的原因归纳

综上所述，当前我国校园安全问题处于高发期，形势非常严峻。产生的原因是多方面的，具体如下：

首先，由于中小学生的自我保护能力和判断力都不及大学生，抵抗风险能力很弱，而且中小学生集体活动的几率也多。比如食物中毒事件往往发生在配餐的中小学中，集体交通事故的发生也经常发生在接送中小学生的校车上。

其次，校园暴力案件急剧上升。近几年校园暴力案件的数量一直呈上升趋势，而且恶性程度不断加深，同时呈现出团伙暴力和以暴制暴的特点。比如某中学曾出现过"十三龙"、"十三凤"等帮派，有学生被欺负，学生们有的不通过学校等正当手段保护自己的权利，而是向这样的帮派求救或干脆加入。

再次，由于心理问题而导致的意外伤害和死亡事故有所上升。青少年学生处在心理和生理的成长发育期，比较敏感，很多看法都不成熟，容易诱发一些心理疾病，从而做出伤害自己或他人的行为。这种类型的危害行为在大学比在中小学表现得更为突出。

最后，来自学生自身方面的不良行为习惯。如在走廊、楼道里踢球、追逐打闹；集体上下楼时，不讲秩序、互相拥挤；拿小石子或其他小物件互相丢着玩，或者打来打去；打扫卫生时用劳动工具打闹；攀高并从高处往下跳；趴阳台，从阳台上往下扔东西，高空抛物；进食堂、电脑室拥挤；进出校门拥挤；爬墙、玩铁门或教室门；上体育课时在教室里逗留等等。

上述校园安全事件的严峻形势除了有一些不可避免的客观原因之外，更主要的是由于有关部门的校园安全抓手不准，定位不正，方法不当。在这方面，大家熟知的四川绵阳桑枣中学叶志平校长给我们上了一堂好课：当汶川发生特大地震时，桑枣中学（仅有初中）与汶川大地震伤亡最为惨烈的北川县毗邻，然而在他们学校，学生无一伤亡，老师无一伤亡。这不得不让人深思：

桑枣中学的校舍决非"铜墙铁壁"，地震袭来时，该校八栋教学楼部分坍塌，全部成为危房。可在1分36秒内，全校2200余名学生、百余名老师都人挨人地撤到了操场上，老师们围在最外圈，像母鸡护卫小鸡一样守护着从11岁到15岁的娃娃们。

桑枣中学的奇迹不但为该校 2200 余名学生的家长、百余名老师的亲朋所庆幸、感怀，也在当地社会、教育系统乃至全中国口口相传。

桑枣奇迹源自大写的责任。倡导并坚持落实责任的领头羊是该校校长叶志平。此人乃四川省优秀校长，经历大地震考验可谓名不虚传。

从新华社的报道中，我们可以知道两千多名师生无一死伤的原因：

其一，叶志平担责任不玩虚活注重实干。桑枣中学实验教学楼，盖楼花费 17 万元，固楼耗资 40 万元。楼是前任之前任校长盖的（那时叶志平只是个普通任课老师），叶志平当了校长，那楼好不好使与他何干？其后用来固楼的 40 万元，若用于建新楼，那可是叶校长的"政绩"，但叶校长似乎很不聪明，偏偏十几年来一直想尽一切办法进行加固……万幸啊！地震发生时，若没有叶校长坚持擦干净前任留下的"烂污"，七百多名正上教学实验课的师生将面临一场怎样的劫难？

其二，自从叶志平当上校长，桑枣中学每学期都要组织一次全校师生紧急疏散演练。演练时每个班级的疏散路线都是划定好的，在每个班级内，前四排学生走教室前门、后四排学生走后门也是规定好的……这件事有学生觉得好玩，有老师觉得小题大做，可是叶志平不为所动把演练坚持至今。终于，在谁也没有思想准备的 5 月 12 日 14 时 28 分，这种紧急疏散演练保佑了全校师生的性命。这么多年间，人们不是没有听闻过出事的学校：有的学校围墙没弄结实砸了学生，有的学校仅仅因为校内集会组织不当酿出学生互相踩踏事故。人们不妨想象，倘若桑枣中学的应急预案（疏散演练正是应急的重要组成部分）平时只挂于墙壁、锁于抽屉，当灾难突然而至，何谈创造出一项桑枣奇迹，哪里能有那个闪耀着"责任光辉"的 1 分 36 秒？

我们天天讲责任，但许多时候，一些人往往在纸上写责任，在嘴上讲责任，在会上喊责任，而不能把责任落到实处。人们都说习惯贵在养成。叶志平十几年如一日，执著诠释的就是"责任在于养成"！

责任是一面旗帜、一根标杆。叶志平坚持实施疏散演练时，老师们都有统一的站位，这是教学楼各层的楼梯拐弯处。这个地方学生最易摔跤，老师是成人，可以一把将孩子从人流中提起来，以避免踩踏悲剧的发生。这一次，除一名怀孕老师被几名男生护送撤离，所有的老师都"钉"在各楼层的拐弯处。

桑枣奇迹是由叶校长和该校全体老师创造的，也是2200余名学生共同书写的。人们在啧啧称奇和赞叹的同时，是否从中真正悟出了责任的含义？所谓责任重于泰山，原来全靠平时的养成。如果平时就讲责任养成，无数因人为原因制造的矿难、火灾、列车出轨、轮船翻沉、钢包倾覆之类的事故其实都可以避免，至少可以把损失降至最低。但如果放开眼界，从避免灾害的角度，桑枣中学的做法和叶志平校长的责任意识仍然值得学习。在防灾避灾的各个方面和环节，面对叶志平校长这个优秀个体，可以发现，防灾避灾的整体提高仍然有较大空间，各单位或部门有必要梳理一下：责任意识是否仅仅停留在口头、书面、会议上？各种紧急预案是不是在经常演练？是不是形同废纸？

五、构建平安校园的举措

构建真正意义上的平安校园，绝不是一件简单和容易的事情，它需要各级机构及其职能部门的不懈努力，创造一个平安、和谐的社会大环境，更需要学校领导和师生员工共同努力，以人为本、依法治校、强化综合治理。不但在校园安全方面，校园文化方面也要积极地探索和大胆地实践。

1. 校园安全应该包括以下几个特征：

首先，立体性。校园安全的内涵应该是非常丰富的，应该包括人、物以及非实体性的文化意识传统这三个方面，这三个方面共同构筑了校园这个机体。其外延就包括了学生生命安全、财产安全、公共财物安全、校园文化安全、教职工生命安全、著作权、知情权等等方面。

其次，持续性。校园安全是一项持续性的工作，它从校园建立之时起就开始存在，只要有校园就需要校园安全，时时都是校园安全发生作用的时间，校园的各个角落都是校园安全的范围，它是一项长期的、连续的工作，任何时候都不能放弃或放松。

再次，动态性。"静止是相对的，运动是绝对的"，校园安全的主体和客体的类别是固定的，但是具体的对象却是不断变化的。学生、教职工都会变化，具体的财物也会有所变动和更迭，这些都是动态发展的因素，而以它们为承载体的校园安全内容必然也需要随之发生变化，在遵循规律的前提下，根据具体的条件对内容进行丰富和调整，具体的措施、制度等也会有一定的变化。

上述三个特征只是对校园安全概念的特性归纳，只有全面了解校园安全的内涵和外延，才能正确地制定校园安全建设的原则，才能保证校园安全覆盖的全面性，不留任何的安全"死角"，确保校园的安全。

2. 校园安全建设的原则与其特征是相配套的，大概归纳如下：

(1) 以人为本原则。此原则包含两个方面的内容：一是指生命权的至高无上。我们自古就有对人的生命的尊重和热爱的教育，在法律规范中也处处体现了对人的生命的呵护与保护。校园安全所涉及的内容是很繁杂的，但是无论在何种情况下都应该以保护在校学生、教职工的生命安全为第一要务，这是校园安全建设的重点和首要项目。二是指校园安全建设要依托科学仪器的帮助，要利用先进的保护和侦查技术，这些可以大大提高校园的安全度，提高校园安全的效率。但是校园安全最主要的还是应该依靠在校的所有人的力量和智慧，充分调动校园内所有有利的人的因素，而不是仅仅依靠设备，才能更好地做到时时处处的安全管理。

(2) 预防为主原则。由于事物处在变化中，所以很多安全事件的发生都具有突发性的特点，实现难以预知，只能尽量在事件发生后，在最短的时间内把损失降低到最小。很多时候都是在扮演"救火队"的角色，这样使整个校园安全建设和管理显得比较被动，缺少主动性和预见性，无法有效地从根源上制止校园危险事件的发生。所以校园安全建设应该秉承预防为主的原则，通过分析一些危险隐患产生的条件和一些初期表征，消灭那些不安全的因素，从源头上防止校园不安全事件的发生。

（3）综合治理原则。校园安全是个综合的工程，它的涉及面是非常广的，包括了人、财、物、意识等各个层面中与校园有关的内容，所以，在确保了生命安全的前提下，其他方面的安全问题也不容忽视，比如校园公共财物的维护、校园周边环境的治理、校园网络安全、校园相关产权的保护等等。所以校园安全需要全面兼顾，不可偏颇，进行综合治理，才能真正确保校园的安全。

（4）科学管理原则。事物是普遍联系的，也是有规律可循的，采用科学的方法，按照规律来办事，就可以事半功倍，反之，则会陷入杂乱无章、事倍功半的境地。校园安全也是有规律可循的，它涉及的教育、治安、救护等都已经发展得比较成熟，国内外很多学校也通过长期的实践摸索出一些行之有效的措施，归结了校园安全的一些重要时段、地段和对象。这些都是在校园安全建设中要大力借鉴和发展的。

所以说，校园安全管理是一项非常繁琐和可控性比较弱的工作，要确实保障校园安全，必须有正确的校园安全意识和强烈的责任，抓好各类安全死角的整顿和检查工作。具体如下：

（1）强化责任意识，落实"谁主管谁负责"的基本原则。安全保卫工作是一项综合性工作，不是保卫处一个部门的事情，需要相关部门和单位的紧密配合，按照"谁主管，谁负责"的基本原则，应该将有关工作责任落实到相应的部门。保卫处负责全面指导和督促，并会同相关部门分阶段进行评比，鼓励先进，对不重视安全工作造成人身和财物重大损失的单位和部门，要求限期整改，实行一票否决制，从而彻底改变发生案件只有保卫处和学校领导着急的被动局面。

（2）建立学校校长、主任、教师、团支部联合的值周制度。值周人员，每天早晨比一般人员早到 20 分钟，进行校园内外的检查，迎接教师、学生的到来。一上课就把校园大门关闭，定期或不定期地对校园周围进行检查，发现可疑情况及时采取措施，把有搏斗经验的教师集合起来并迅速向公安部门报告联系，防止意外事故的发生。放学以后，要把每一位学生送出校园后，值周人员方可离校。

（3）班主任、各任课教师，要加强对学生的管理，建立考勤制度，对无故旷课、不到学校的学生了解原因及时处理，学校、教师及时和家长取得联系进行交流。在课间休息时或课外活动时，禁止学生追逐打闹，防止意外事故的发生。班主任要在班会中向学生讲安全，经常和学生进行思想交流，了解本班每一位学生的思想状况，并进行思想道德教育，使每一位学生健康向上地发展。

（4）各任课教师，在教育教学中，要把学生的安全放到第一位，采取一系列的安全措施。如，上体育课时一定要带领学生，做好准备活动，单双杠、山羊、跳箱和技巧等项目，一定要加强保护与帮助措施，使学生在安全中运动学习，教育学生学会自我保护，如上体育课不带钢笔、铅笔、小刀之类的东西，防止意外事故的发生。在上体育课时，自己感觉不舒服要及时向老师报告，体育教师要时时观察每一位学生的动态，发现问题及时处理。时时注意学生的安全，要为每一位学生负责。

（5）建立严格的门卫制度，每一位学生、教师进出，都必须按学校规定执行。学生要经过教师的批准，教师要经过学校领导的批准。没有经过学校、教师的批准，任何人都不能进入学校内。发现问题及时和学校领导、公安部门进行报告或联系。

（6）对学校库房、实验室等重要场所，要有消防措施，并对有关人员进行消防训练和演练，防止意外的发生。

（7）有卫生防疫制度和措施，环境卫生的打扫，教室、学生个人卫生的保洁，班级的环境，教室以及个人卫生的检查的实施。教育学生不到不卫生的摊点买东西吃，不买不卫生的小食品吃等。

（8）建立健全校园突发事件的应急预案，如地震预防的演练，火灾、暴风雨的预防演练和疏散。

（9）强化法制教育，营造依法办校的良好氛围。开展安全教育、法制教育、学生的心理教育，采用办板报、广播等形式进行宣传教育。

（10）学校每周进行对校园治安隐患的排查，校园治安情况每天有记录，校园发生的治安事件有记录、有分析、有解决办法或采取的措施。

（11）学校经常和公安机关联系，请公安干警向学生进行法制教育，建立公安、学校联防机制。

（12）加大投入，构筑人防、物防、技防的立体防护网。对实验室、学生宿舍等重点部位加装防盗门窗；保持 24 小时有人值班，定时巡查、作好记录。

（13）加强矛盾纠纷排查调处工作，制定处置突发事件应急预案。制定好各类突发事件应急处置预案，对相关人员适当培训，做到能沉着应对，及时化解危机。

（14）强化消防管理意识，消除火灾隐患。加强消防安全教育和预防技术培训，增强学校师生消防意识，适时开展消防安全专项检查，对查出的问题，发出隐患整改通知书；及时对消防器材进行维护保养，以确保安全和有效。

平安校园建设是一项系统工程，需要进行综合治理。要正确理解其内涵，充分认识其建设意义。只要领导重视，通过强化安全教育、创新制度建设、加强安全管理、创建安全环境等途径，坚持不懈，就能够实现平安校园的建设目标。平安校园的建设需要全校师生的共同努力以及相关部门的大力支持，它有助于推动学校安全管理工作的规范化、科学化、现代化和法制化，促进学校安全管理事业的发展，为广大师生员工创造一个安全、安宁、安静、安定的学习、工作和生活环境，也有助于和谐学校和和谐社会的早日建成，保障学校各项事业的顺利、可持续发展。

另附：

学校突发事件应急预案

为了保障学校师生员工健康地学习、工作、生活，促进学校各项工作顺利开展，防止安全事故发生，切实有效降低和控制安全事故的危害，按照相关法律法规，从学校实际出发，特制定本突发事件应急预案。

一、突发事件处理领导小组

组长：校长

副组长：副书记、副校长

成员：4人

职能负责：教务处、总务处、团委、学生处

责任人员：职责范围内的相关教职工、职责范围内的有关具体落实的管理人员、班主任、班级责任教师、值周领导、值周教师。

二、具体突发事件的应急预案

（一）校内发生火警、漏电、房屋倒塌等特大安全事故的应急预案

1. 切断各楼层的电源。

2. 发生火警，先以灭火器扑灭；火势蔓延，急打"119"；房屋倒塌且有师生埋入，急打"110"，并有组织地进行抢救。

3. 迅速向突发事件领导小组报告。

4. 开通全部安全通道，学校教职员工组织学生迅速撤至安全地带。

5. 配合消防、医院等单位，做好自救工作。

6. 尽可能保护好现场，作好有关人证、物证记录。

（二）校外不法人员进入校内实施暴力或抢劫事件应急预案

1. 来人不履行登记手续，强行闯入，门卫应力加阻止，不得放行。

2. 来人已闯入校内，门卫追赶不及，应立即电话通知有关部门领导，及时将闯入者清逐出校门。

3. 校内发现不法分子袭扰、行凶、行窃、斗殴、抢劫、劫持人质、放火、破坏公私财物的应立即采取下列处置方法：

（1）迅速报警（110）。

（2）迅速报告学校突发事件领导小组。

（3）对不法分子进行劝阻或制服，保护在场师生安全。

（4）为防止不法分子逃跑，在制止、制服其前应关闭校门。

（5）立即将受伤师生送往医院进行救治。

（6）作好师生的思想工作。

4. 记录不法分子的体貌特征和其他犯罪情节，收集不法分子施暴的凶器，保护好现场。

5. 组织校内力量，配合上级有关部门，做好善后工作。

（三）突发公共卫生事件的应急预案

当社会上出现流行病疫时，凡师生中出现与该病相似病症时，各班主任要马上报告校长或教导处，并及时与该学生的家长取得联系，在家长的陪同下去医院诊治，一经确认是传染病或疑似传染病时，学校要采取下列措施：

1. 学校要迅速如实报告上级有关部门。

2. 对该学生所在班级及任课教师办公室进行布控，对全校公共场所，尤其是布控区域进行严格的消毒。

3. 坚决杜绝染病学生带病来校。染病学生来校上课时，必须有收治该学生的医院出具诊断证明其已康复，并不存在传染危害后，方可来校上课。

4. 学校要根据上级有关部门的要求和指导，采取必要的防范及保护措施。

（四）学校其他突发事件应急预案

1. 学校其他突发事件，值周领导、值周教师、上课教师，要第一时间到位指挥。

2. 让学生坐在教室静候，要坚决阻止学生在教室起哄，或走出教室相互追逐，推搡。

3. 马上安排过道指挥和其他照明用具。

4. 及时与有关方面联系，了解情况。

5. 若是校内电路问题，在可能的情况下，应及时维修。

6. 若遇不能修复，值周领导、值周教师、上课教师要组织学生有秩序地离开教室，要教育学生轻上慢下楼梯。

三、在突发事件发生后，活动的组织者或第一个接警者或首位发现者，应以师生利益、学校利益为重，无条件地承担组织、指挥、抢救、控险、报警等任务，要充分利用现代化的交通工具、通讯工具及时做好组织、抢救和报告工作，如接警后拖延、推诿应视作玩忽职守。对突发事件，全校师生员工实行首见首闻报告制和教职工首见首闻第一时间负责制。

四、突发事件发生后，全校教职工要把抢救、保护学生生命安全视作第一要务，不得临阵退却，更不得采取事不关己的回避逃脱的做法。

五、突发事件发生后，相关部门和有关的责任人员在事发初和应急处理中都要随时向校长或值周领导报告突发事件的有关情况，不得隐瞒。

六、突发事件解决后，相关的部门和有关的责任人员要向校长或值周领导书面报告突发事件的处理情况。

第十六章 校长应具备的素质与领导艺术

常言道："一个好校长，就是一所好学校。"这就充分说明了校长在教育中的重要位置和作用，校长要有高素质。何为校长？苏霍姆林斯基对其有精辟的论述："所谓'校长'绝不是习惯上所认为的'行政干部'，而应是教育思想家，教学论研究家，是全校教师的科学和教育实践的中介人，校长对学校的领导，首先是教育思想的领导，而后才是行政的领导。校长是依靠对学校教育的规律性认识来领导学校的，是依靠形成教师集体的共同'教育信念'来领导学校工作的。"那么，当一个好校长应具备什么素质呢？

一、现代型校长需要具备的主要能力

作为学校的引领者、管理者，现代型校长应该具备以下几种能力：

一是思想引领能力。思想领导是校长最重要、最有力的领导手段。一个校长要不要有思想，有什么样的思想，可能是一个众说纷纭的问题。校长应该有思想，这种思想是指校长应该有自己独立的思考，提出独到的见解，能根据实际进行创造性的探索。一个没有思想的校长，是无法接受新知识、新观念和新技术的，是无法带领教师开拓创新的，是无法形成具有独特风格的办学特色的。一个没有思想的校长，只能是教条、经验地管理学校，只能是上级文件、政策、法规的机械执行者，不可能鼓动、激发教师的创造冲动和工作热情，也不可能把学生培养成为创造型人才。因此，校长应该是一所学校的思想发动机，应该成为师生的精神领袖。校长还应致力于引导别人"如何"思考，如何有效学习，如何进行批判性吸收，如何求证不同的见解。一个好的校长不是用权威压人，不是首先用行政手段管人，而是用思想、学识影响人，用理想和智慧的魅力感召人、凝聚人。

二是宏观决策驾驭能力。一所学校就是一个复杂的组织体系，校长要管人管事、管财管物，涉及的政策、法律、法规和理论、观念、方法、技术很多，可变性很大。一个优秀的校长，必须集多种知识、能力和优良品性于一身，及时有效地协调各种关系，解决各种矛盾和问题，如如何处理执行上级政策法规与结合实际改革创新的关系，行政治理与思想引领的关系，民主讨论与个人决断的关系，宏观掌控与微观渗透的关系，制度约束与情感交流的关系，内部事务与外部协调的关系等等。因此，校长必须在复杂的工作环境中，灵活运用决策的原则、程序、方法和艺术等，搞好学校的宏观决策，不断提高理论政策水平、宏观把握能力。

三是识才举贤、量才录用能力。一切管理都是对人的管理，而任何一个人的品性、能力都是可塑的。在不同的环境作用下，人的身心状态不同，其潜能发挥的程度也不同。在一个组织中，每个人都有自己的个性、能力特点，每个人都有他最乐意、最有兴趣、最适合的工作。一位现代型校长应该具有现代人才观和人才意识。校长不能只当"伯乐"，"伯乐"只识"千里马"，但"千里马"并不常有。因此，校长既要用好"千里马"，也要用好"百里马"、"十里马"。校长的用人之道在于敢不敢用人，善不善用人，如何识别人、使用人、培养人、爱护人、激励人，让每个人都得到发展，都有归宿感、成功感。校长用人还要有气魄，有胸怀，敢用过己之人，让能人尽其所能；敢用敌己之才，变对手为朋友；能巧用平庸之辈，变腐朽为神奇。用人体现校长的见识，展示校长的胸襟，凸现校长的人格，彰显校长的智慧。公正无私、唯才是举、量才录用、用其所长等就是现代型校长必备的智慧。

四是组织、协调、沟通能力。管理就是协调各种关系，处理各种矛盾，营造和谐、顺畅、高效的工作机制和格局，需要有良好的个人修养。比如文化包容性、理解、宽容、倾听、调和、沟通、深度会谈，还要坚持组织原则、工作纪律，学会妥协等。处理一个矛盾，协调一个关系，更多的是靠艺术，靠方法。

五是学习研究能力。在"知识爆炸"的时代，各种各样的知识呈几何速度增长，不可能也没有必要掌握所有的知识。因此，善于学习的人就是与时俱进的人，就是会"治学"的人。"治学"的关键在于"选择、获取、运用"三大要领。合理地选择、鉴别知识是治学的前提，每个人对每种知识的排列、选择顺序是不同的，因为每个人的智能结构、兴趣爱好、职业选择及工作要求不同，必须根据自己的个性特点和发展需要，鉴别哪些是有用的，哪些是无用的；哪些是核心的、必须的，哪些是一般的、可以放弃的；哪些是当前要掌握的，哪些是将来去习得的。当代社会，知识的获取与传统方式有很大差别，可以说"无处没有知识，无时不能学习"，因此，学习的首要问题是意识和态度，其次是途径与方法。好学会学的人"把一切对象现象当做学习的源泉，把一切醒着的时间当做学习的过程"。校长既可以向书本学习，也可以向实践学习；既可以向老师学习，也可以向学生、家长学习；既可以向企业学习，也可以向社会学习，从中吸收新知，获取信息，借鉴经验，消化成果，作为自己的思想养料，作为开拓创新精神的财富。运用知识是目的，坚持学以致用，学用结合，活学活用，在实践中观察问题、发现问题、解决问题，不断增长知识，积累经验，是一个现代型校长成长的必由之路。有效指导教师的工作，除了要求校长必须坚持不懈地学习外，还要求校长必须成为学科教育领域的权威、学术研究的专家。因此，校长要善于观察周围的人和事，敏锐地发现问题，深入地研究问题，妥善地解决问题。

二、现代型校长需要具备的领导艺术

当上一位校长不容易，当好一位校长就更不容易了，它要求校长起码应熟悉以下领导艺术：

（一）用人的艺术

如何用好人，除了要端正用人思想，让那些想干事的人有事干，能干事的人能干好事外，在用人技巧上还要注意以下问题：

1. 要善于用人所长。用人所长首先要注意"适位"，陈景润如果不是被伯乐华罗庚发现，并将他调到数学研究所工作，他就难以摘取数学皇冠上的明珠。唐僧之所以能西天取经成功，主要是他能做到知人善任，把孙悟空、沙和尚、猪八戒安排到最适合他们的岗位上去，实现了人才所长与岗位所需的最佳组合。用人所长要注意"适时"，"用人用在精壮时"，界定各类人才所长的最佳使用期，不能单纯以年龄为依据，而应以素质作决定，对看准的人一定要大胆使用、及时使用。用人还要注意"适度"，校长用人不能搞"鞭打快牛"，"快牛"只能用在关键时候、紧要时刻，如果平时只顾用起来顺手、放心，长期压着那些工作责任心和工作能力都较强的人在"快车道"上超负荷运转，这些"快牛"必将成为"慢牛"或"死牛"。

2. 要善于用人所爱。有位中学生曾向比尔·盖茨请教成功的秘诀，盖茨对他说："做你所爱，爱你所做。"魏书生为了实现当教师的理想，在6年的时间里，竟着魔似的向上级组织提出了150多次要当教师的口头和书面申请。正因为他有这种情有独钟的爱，才有了魏书生这个教育大家。校长在用人的过程中，就要知人所爱，帮人所爱，成人所爱。

3. 要善于用人所变。鲁迅、郭沫若原来都是学医的，后来却成了文坛巨匠。很多名人名家的成功人生告诉我们：人的特长是可以转移的，能产生特长转移的人，大都是一些创新思维与能力较强的人。对这种人才，校长应倍加珍惜，应适时调整对他们的使用，让他们在更适合自己的发展空间里去施展才华。

（二）决策的艺术

决策是校长要做的主要工作，决策一旦失误，对学校就意味着损失，对自己就意味着失职。这就要求校长要强化决策意识，尽快提高决策水平，尽量减少各种决策失误。

1. 决策前应注意什么。校长在决策前一定要多作些调查研究，搞清各种情况，尤其是要把师生员工的情绪和呼声作为自己决策的第一信号，不能无准备进入决策。

2. 决策中应注意什么。校长在决策中要充分发扬民主，优选决策方案，尤其碰到一些非常规性决策，应懂得按照"利利相交取其大、弊弊相交取其小、利弊相交取其利"的原则，适时进行决策，不能未谋乱断，不能错失决策良机。

3. 决策后应注意什么。决策一旦定下来，就要认真抓好实施，做到言必信、信必果，决不能朝令夕改。一个校长在工作中花样太多，是一种不成熟的表现。

（三）处事的艺术

常听到不少校长感叹：现在的事情实在太多，怎样忙也忙不过来。一个会当校长的人，不应该成为全校做事最多的人，而应该成为全校做事最精的人。

1. 多做校长该做的事。当前，摆在校长面前的事情，主要有三类：一是校长想干、擅长干、必须要干的事，比如，用人、决策等。二是校长想干、必须干、但不擅长干的事，比如，跑关系、挣资金等。三是校长不想干、不擅长干、也不一定要干的事，比如，一些对外的小应酬、一些可去可不去的会议等。校长对该自己管的事一定要管好，对不该自己管的事一定不要管，尤其是那些已经明确了是下属分管的工作和只要按有关制度就可办的事，一定不要乱插手、乱干预。

2．多做着眼明天的事。校长应经常去反思昨天，干好今天，谋划明天，多做一些有利于学校可持续发展的事。比如，构划一个明晰且富于自身特点的办学思路，打造一个团结战斗、优势互补的学校班子，培养一支既能适应素质教育新需要，又能应对应试教育新挑战的教师队伍，营造一个具有自身特色的文化氛围等。

3．多做最为重要的事。最为重要的事有的具有共性特征，如端正办学思想；有的具有个性特征，如魏书生把每年的工作重点确定为22条。校长在做事时应先做最重要和最紧要的事，不能主次不分，见事就做。

（四）协调的艺术

没有协调能力的人当不好校长。协调，不仅要明确协调对象和协调方式，还要掌握一些相应的协调技巧。

1．对上，如何进行协调？平时要主动多向领导请示汇报工作，若在工作中有意或无意得罪了上级领导，靠"顶"和"躲"是不行的。理智的办法，一是要主动沟通，错了的要大胆承认，误会了的要解释清楚，以求得到领导的谅解。二是要请人调解，这个调解人与自己关系要好，与领导的关系更要非同一般。

2．对下，如何进行协调？当教职工在一些涉及个人利益的问题上与学校或对校长有意见时，校长应通过谈心等方式来消除彼此间的误解，对能解决的问题一定要尽快解决，一时解决不了的问题，也要向人家说清原因。千万不能以"打哈哈"的方式去对待人或糊弄人。

3．对外，如何进行协调？校长在与外面平级单位的协调中，其领导艺术就往往体现在争让之间。大事要争，小事要让。不能遇事必争，也不能遇事皆让，该争不争，就会丧失原则；该让不让，就会影响全局。

（五）运时的艺术

现代管理学认为：时间是管理的要素之一，能否科学地管理好自己的时间，有效地利用时间是衡量每个管理者工作成效的重要标志之一。管理好时间也是校长管理艺术之一。校长怎样用好时间，应从以下几点去做：

一是集中整块时间办大事。校长的时间很容易被切成小碎块，一天的时间表上往往安排着好几件事情。有时，当按计划做事时，很可能会被突如其来的其他事情所打断。这就需要校长想方设法集中好自己的时间，形成哪怕是最低限度的整块时间。尚未集中时，要尽快推开其他事迅速集中；已经集中时，要当机立断避免他事所扰，必要时可关门办公，以避免整块时间被"蚕食"。

二是利用零星时间办琐事。所谓零星时间即未构成连续时段、介于两件事之间的空余时间。而现实中，很多校长常常会不经意间浪费掉零星时间。比如，刚做完手头上一件重要的事，这时离下班还有半个小时，着手做另一件重要的事吧，时间又不够，于是很多校长便"算了，再说吧"，接着在办公室里随便翻弄一些东西，致使时间白白流过。其实，校长完全可以充分利用零星时间解决诸多学校管理工作中的琐事，从而为能集中整块时间做大事创造好条件。

三是珍惜黄金时间办要事。对校长来说，所谓黄金时间就是指比较清净、少有人干扰、心情较好、头脑比较清醒的一段时间。每个校长要结合自身特点，养成良好的工作、学习和睡眠习惯，生活尽可能规律化，以便摸索出自己思维活动的生物钟，找寻出自己思维的黄金时间，从而利用这个精力最旺盛的时间去完成一些最重要、最困难的工作，而把相对容易的工作安排到其他时间去做，以提高时间的使用效果和工作效率。

四是忙里偷闲想问题。时下，校长工作的特点若用一个字概括，就是"忙"。校长不是在忙开会、打电话、定计划、应付检查，就是在风急火燎地处理各种各样的事情。这也许是一种难以克服的职业性"顽疾"。因此，当校长一旦发现自己的时间被别人控制时，就需设法变被动为主动，学会忙里偷闲，尽力挤出半个小时或一个小时的"独处"时间梳理自己的思维，思考一些问题，检讨一下工作，想想下一步该如何办才能摆脱被动，才能更有效。

（六）理财的艺术

办学经费不足仍是当前中小学普遍存在的一个主要问题，这就要求校长要提高理财艺术。

1. 懂得怎样去找钱。找钱就是要学会"开源"，也就是要利用各种可行的途径去广开财路，增加收入。比如，要开动脑筋到省、市、县教育部门去争取校建、危改资金，通过各种关系让那些慈善机构或企业老板给学校捐助一点，将学校一些后勤机构社会化，千万不要将"开源"的希望寄托在乱收费上。

2. 懂得怎样去管钱。按照上级的有关规定，校长不能直接管财务。但这并不意味着校长对学校的经费使用情况不闻不问，对学校的一些主要经费开支情况，校长一定要定期进行审核，看看有没有违规违纪的情况，有没有不该花的钱。如有，应尽快纠正。

3. 懂得怎样去用钱。有的学校做个大门花几万，一年来客人的招待费占学校可用财力的 60％以上，却舍不得花钱订一本业务杂志，舍不得让一个教师外出进修学习。学校的钱应先花在教学教研上、花在教职工身上，而不是别的地方。

（七）说话的艺术

说话是一门艺术，它是反映校长综合素质的一面镜子，也是师生评价校长水平的一把尺子。校长要提高说话艺术，除了要提高语言表达基本功外，关键要提高语言表达艺术。

1. 要做到言之有物。所谓言之有物，就是校长在下属面前讲话，不能空话连篇，套话成堆，要尽量做到实话实说，让大家经常从校长的讲话中，能获取一些新的有效信息，能听到一些新的见解，能受到一些启发。

2. 要做到言之有理。校长在师生员工面前讲话，不能官气十足，应注意情理相融。要做到情理相融，一是要讲好道理。讲道理不能搞空对空，一定要与师生员工的思想、工作、学习、生活等实际紧密结合起来，力求以理服人。二是要注意条理。讲话不能信口开河，语无伦次，一定要让人感到条理清晰，层次分明。三是要通情理。不能拿大话来压人，要多讲些大家眼前最关心的问题、大家心里最想的问题。

3. 要做到言之有味。校长在师生员工面前讲话时，语言要带点"甜"味，要有点新意，要有点幽默感。

（八）激励的艺术

学校管理要重在人本管理，人本管理的核心就是重激励。校长要调动大家的积极性，就要学会如何去激励下属。

1. 激励要注意适时进行。美国总统里根曾说过这样一句话："对下属给予适时的表扬和激励，会帮助他们成为一个特殊的人。"一个聪明的校长要善于经常适时、适度地表扬下属，这种"零成本"激励，往往会"夸"出很多为你效劳的好下属。

2. 激励要注意因人而异。校长在激励下属时，一定要区别对待，最好在激励下属之前，要搞清被激励者最喜欢什么，最讨厌什么，最忌讳什么，尽可能"投其所好"。否则，就有可能好心办坏事。

3. 激励应注意多管齐下。激励的方式方法很多，比如，有目标激励、榜样激励、责任激励、竞赛激励、关怀激励、校史激励、许诺激励、金钱激励等，若将其划分，主要可分为精神激励和物质激励两大类。校长在进行激励时，要以精神激励为主，以物质激励为辅，只有形成这样的激励机制，才是一种有效的激励机制，才是一种长效的激励机制。

（九）用情的艺术

校长的主要工作对象是富有文化素养的教师，教育者的身份规定了他们的自律自尊，教育教学的特性又赋予他们既自觉又自由的意识，过细的制度会令他们厌烦，管理者的严肃面孔又易引起他们的反感。因此管理中不能只用分数和制度来评价教师，用金钱来激励教师，这样的学校没有真正的精神和文化，学校发展无后劲，还极易引起干群对立。所以，校长要重视管理中人与人之间的真诚交流，精神、情感与文化氛围的建设，从而使人心思教，人心思改，形成凝聚力、向心力。要使自己的管理具有教育性，主要应做到以下几个方面：

1. 善于倾听、交流，满足需要。作为校长首先要明确自己不是管教师的，而是要用一种平等的心态，一种服务意识来与教师交流，为教师提供支持和支援，让教师感到校长与他们是平等的，可以交流的；其次要保持专注和警觉，善于倾听教师的心声，尊重他们的一些想法，体谅下情，了解需求，满足教师的合理需要，从而调动教师的工作积极性。对那些有组织领导能力、事业心强的中青年骨干教师，应将其提拔到学校领导岗位上，或使他们晋升更高一级的职称，或给予他们更高的荣誉，从而使他们在内心深处产生更高层次的需要。通过这样来培植典型，可以使其他教师学习有榜样，工作有方向，进而在学校形成一种积极向上的氛围。作为校长应了解每个教师关心什么、致力于什么，有何期望，进而区别对待，积极创造条件，选择最佳方式去满足教师的合理需要，进一步激发他们的进取心。

2. 学会赏识教师。没有赏识就没有管理，没有赏识就没有成功。教师都有施展才能、创造业绩、实现自身价值的愿望，教师是渴望赏识的，在某种意义上来说，赏识就是教师生命中的阳光、空气和水。赏识的基础是关心、尊重、理解、信任，但关心不等于滥施恩惠，尊重不等于放任自流，理解不等于逢迎迁就，信任不等于简单器重。

校长对教师的赏识要发自内心，不能矫情造作。校长对教师的赏识是一种信息，可以传递给教师，引起共鸣，是一种能量，教师受到辐射，情感也会随之变化，工作中也会激情四射，干劲倍增。校长一定不能吝惜自己对教师由衷的赞美。

3. 真诚帮助，热情服务。无论在生活中还是在工作上，不同年龄的教师有着不同的忧虑。如刚参加工作的年轻教师会感到工作经验不足，中青年教师有更多的家务拖累，老教师经常感到体力、精力不佳，甚至疾病缠身。校长要及时地做好相应的服务工作，真诚地帮助他们。哪怕是一句关心体贴的话，也可能使教师感到受到尊重，受到启发，信心倍增。比如，对刚参加工作的年轻教师，校长要定期召开座谈会，指导他们的工作，关心他们的生活，使他们感到工作起来有方向、有干劲，从而尽快成为一名合格的教师。若对教师的疾苦漠不关心，他们得不到尊重，积极性就会化为乌有。

4. 合理分工，搞好合作。对于校长的日常工作而言，必要的事务性工作不可少，但要注意力戒事无巨细、事必躬亲。校长要合理地搞好分工合作，使上下层次清楚，职责分明，便于学校各部门的信息沟通，有利于校长宏观指导和控制大局。同时各司其职，各负其责，各使其权，便于激发每个领导成员的工作事业心和责任感，焕发出他们的工作热情和创造力。

（十）用势的艺术

"势"是什么？"势"就是力量。"势"有哪些？李海波先生曾将"势"归纳为八种：树"内势"以求主见，辨"外势"以晓客观，知"时势"以应天时，执"地势"以取地利，蓄"气势"以统万物，明

"形势"以弄风云，借"名势"以博荣誉，仗"权势"以壮实力。"八势"合谋，一个立体感极强的整体"局势"便呼之欲出了。

校长在激烈的市场竞争中，有时候光靠自身的力量，难免会因势单力薄而失败，如果能够借助自身以外的力量，就可以"以四两拨千斤"，以最小的代价取得最大的成功。没有任何一个成功者，如军事家、政治家、企业家等是靠一个人的力量去实现目标的。要善于"借势、造势、运势"而达到成功。

那么，校长应该借哪些"势"呢？

善借人势。基于两方面的考虑，学校应有一个集教育政策、教育理论、教育实践三方面学者专家组成的"智囊团"。第一，"不识庐山真面目，只缘身在此山中"，或曰"当局者迷，旁观者清"，很多管理问题校长自己不一定能看到、看清；第二，人不可能是全才，校长不可能什么都精通，己势弱彼势强则借，借智借力，可以起到集思广益、启迪智慧、活跃思维的作用。而且，还可能因为"借"来的人脉、人势，起到"名人效应"的作用。

善借时势。俗话说"时势造英雄"，纵观历史发展，英雄人物之所以能够在历史长河中脱颖而出，干出一番骄人的业绩，其过人之处就在于他们能顺应时势。校长办学治校，一定要了解国家教育发展的大政方针和政策走势、省市县教育发展的中观形势和微观举措，少点迎来送往、饭局应酬，多花点时间看看时政新闻、读读教育报刊、浏览网络快讯，善于谋时势、观大局，借时势推动工作。否则，就只能是"埋头拉车"，而无法"抬头看路"。

善借地势。人生际遇，因"时"起之，因"地"成之。通常说，要建立学校、家庭、社区之间的良性互动，形成"三位一体"的教育合力。事实上，说得多做得少，现在的家校关系说得好听些叫"不够融洽"，说得直白一点是越来越紧张，而学校与社区的关系更是没有抓手、容易落空。学校应切实加强、改进、完善这方面的工作，积极争取家庭、社区对学校工作的关心、理解和支持，接"地气"，实现与"属地"的良性互动，为学校发展营造良好的"小环境"、"小气候"。

善借权势。讲到借"权势"，很多人容易想歪，其实，这是一个无法回避的问题。到某县调研，一所学校新校长到任不到三年，争取到财政两三千万元的支持，几栋教学楼拔地而起，办学条件发生了质的改变。而"一母所生"的另一所学校，却几年没有变化，教师们在羡慕那个学校大变化的同时，不免埋怨自己校长的"无能"。确实，在目前资源有限、无法普惠式发展的情况下，一些政策、资金需要校长主动、讲艺术、有策略、锲而不舍地去争取。校长要通过合适的渠道、方式反映学校的困难和问题，争取上级领导的支持。

善借舆势。现在很多学校怕媒体，甚至传出"防火防盗防××报"，大有"谈报色变"的感觉。当然，媒体有不规范的问题，需要有关部门整顿和改进。但是，从办学的角度来看，要善于跟媒体打交道，借助媒体的力量宣传学校的办学思想、治校理念、育人成就。人也好、单位也好，有四个类型——先做后说、先说后做、做了不说、说了不做。本文无意评论孰是孰非，但很多时候做了以后要说出去，要懂得传播的重要性。否则，学校就会"养在深闺人未识"。

再说"造势"："造势"，用农村里的通俗语言表达，就是"趁热打铁、逼其成形"。当我们走出第一步时，就要预见未来的成功。首先利用学生家长造势。要让每一个学生、学生家长都知道，学校里已经发生看得见的变化，学校已经受到上级关注、重视、表扬、表彰的变化，并且正在发生新的变化，将来肯定会变得越来越好，会让大家满意。要在这个时候展示出学校发展的最高目标，要借学生和家长的"就近上学、上好学、上优质学校"心理，扩大学校在社会上的影响。大家要记住：有"100个人说你好，不好也好"。这句话是有三分道理的。

其次，恰到好处地利用媒体造势，把学校里学生的活动和活动中取得的成绩，老师的教改活动和活动中取得的成绩，学生家长尊师重教活动和活动中生动的事迹，通过媒体向社会展示一下，满足人们对荣誉追求的心理，也是"造势"的重要形式。第三，让领导帮助造势。学校再穷也要买一部数码相机，诚心接待各个层次到学校来了解情况的领导。汇报工作不要随意，要认真。语言要精练，文字要简单，要图文并茂，要吸引领导下次再来。领导下次再来时最好能发现你为他上次来指导工作时保留了的资料，让领导感觉到你"设定目标很大气，追求目标很细致"，领导在会上讲一次足以使你和全校老师感动，如果每次大会都讲，还鼓励大家向你学习，这就等于在你走向成功的路上铺上了红地毯。造势是阶段性工作总结，造势是自我加压，造势是对学校实现最高目标，校长实现成功的承诺。如果不善于造势，得不到鼓励和支持，工作热情就会消退，很容易前功尽弃。

最后讲"运势"："运势"是走好第一步，完成第二步，决胜第三步的策略。要充分运用有利于学校发展的人气、有利于自我发展的才气，与一个县、一个市、一个甚至更大范围内的特色鲜明的学校"结盟联姻"，相互学习、共同发展。要善于抓住一切有利于自己学校实现最高目标的学习交流机会，推销自己——实事求是，学习他人——谦虚诚恳，为实现最高目标做好自己想做的事，该做的事。有志者事竟成，一所成功的学校，必有一位成功的校长。